习近平新时代中国特色社会主义思想研究工程（二期）

孟建 ◎ 著

建设文化强国的理论与实践

上海人民出版社

目　录

目 录

目　录

前　言

　　2024 年，正值金秋时节，中共中央政治局在北京就建设文化强国进行第十七次集体学习。中共中央总书记习近平在主持学习时强调："要锚定 2035 年建成文化强国的战略目标，坚持马克思主义这一根本指导思想，植根博大精深的中华文明，顺应信息技术发展潮流，不断发展具有强大思想引领力、精神凝聚力、价值感召力、国际影响力的新时代中国特色社会主义文化，不断增强人民精神力量，筑牢强国建设、民族复兴的文化根基。"[①] 在中国人民以更加铿锵有力的步伐奋进中国式现代化新征程的时刻，中央"锚定 2035 年建成文化强国的战略目标"的伟大号召，再次吹响了用文化强国助推构建人类文明新形态，实现中华民族伟大复兴的集结号。

　　环顾当今世界，文化早已成为国家软实力的重要组成部分，是

---

　　① 《习近平在中共中央政治局第十七次集体学习时强调　锚定建成文化强国战略目标　不断发展新时代中国特色社会主义文化》，《人民日报》2024 年 10 月 29 日。

衡量一个国家综合国力的重要标志。随着信息技术的迅猛进步，文化在国际竞争中的地位日益凸显，成为推动社会进步、促进经济发展、增强民族凝聚力的重要力量。建设文化强国，不仅关乎国家的长治久安，更关乎民族的伟大复兴。本书旨在深入探讨文化强国建设的必由之路、战略目标、理论体系、建设路径及科技赋能，助力新时代文化强国建设。

文化强国的建设，首先离不开习近平文化思想的引领。习近平文化思想深刻揭示了文化发展的内在规律，明确了文化建设的方向和目标。这一思想强调文化的民族性、时代性和创新性，提出了一系列关于文化建设的重要论述，为文化强国建设提供了根本遵循。在习近平文化思想的指引下，我们更加清晰地认识到文化在治国理政中的突出地位，更加坚定地坚持党的文化领导权，为推进中国式现代化，构建人类文明新形态和实现中华民族伟大复兴提供强大的精神动力。建设文化强国，是新时代的必然选择。随着国际竞争日趋激烈，文化软实力成为国家竞争力的重要组成部分。我国作为一个拥有悠久历史和灿烂文化的文明古国，拥有丰富的文化资源和深厚的文化底蕴。然而，在全球化浪潮中，如何保持和发扬自身的文化特色，如何在国际竞争中占据有利地位，成为我们必须面对的重大课题。因此，建设文化强国，既是为了提升国家的软实力，也是为了维护国家文化安全，推动中华文化传承和发展。

回顾历史，可以看到马克思列宁主义对文化问题的深刻论述，以及以毛泽东、邓小平、江泽民、胡锦涛、习近平为主要代表的中国共产党人对文化发展的高度重视。从马克思、恩格斯对文化与社会发展关系的阐述，到列宁对文化革命和文化建设的论述，再到中国共产党历届领导人对文化发展的战略思考，都为我们提供了宝贵的理论资源和实践经验。特别是习近平文化思想，更是提出了许多具有创新性的思想和论断，为文化强国建设指明了方向。文化强国的战略目标，是推动马克思主义中国化的新进程，建设中国式文化强国。为此，要实现从经济逻辑到文化逻辑的拓展，让文化成为新一轮改革开放的重要战略资源并实现其有效性。此外，还要从狭义文化拓展到广义文化，将文化发展的形态提升到人类文明新形态。

　　在实现这一战略目标的过程中，需要构建完善的文化强国理论体系。核心价值是文化最深层的内核，体现了文化的根本理念和价值追求，是文化精神的集中展现。要坚持社会主义核心价值观的引领作用，推动公益性社会主义文化事业和经营性社会主义文化产业的协同发展，满足人民多样化、多层次的精神文化需求。同时，要坚持人民至上的文艺创作原则，用文艺创作反映人民生活真实面貌，满足人们对美好生活的向往。在文化提升和文明引领方面，要推动文化进步和文明演进，创造出人类文明新形态，为人类社会的发展提供新的精神动力和价值引领。此外，要增强各民族对中华民族的认同感与归属感，构筑中华民族共有精神家园，维护中华民族多元一体的格局。同时，珍视和保护好中华民族悠久历史中留下的宝贵文化遗产，赓续中华文脉，让中华文化在世界文化之林中熠熠生辉。要通过大力加强中华文化的国际传播，提升中华文化在全球的知名度和影响力，推动不同文明之间的交流互鉴。

文化强国的建设路径，是我们实现战略目标的具体行动方案。要坚持文化的创造性转化与创新性发展，激发全民族文化创新创造活力。要保障人民的文化权利，健全公共文化服务体系和提升公共文化服务水平，健全现代文化产业体系和市场体系，大力促进文化产业高质量发展。此外，要加强文化遗产的保护与利用，正确处理文化遗产保护与利用的关系，以及文化遗产保护利用与经济社会发展的关系。要推动以文化为主体的跨界融合，要强调文化在跨界融合中的核心地位，同时推动文化与旅游、教育、体育等领域的深度融合。要努力讲好中国故事，建构中国话语和中国叙事体系，创新讲述方式，提高传播效能，向世界展现可信、可爱、可敬的中国形象。

随着科技的飞速发展，数字化、网络化、智能化已成为赋能文化强国建设的"新质生产力"。如何充分利用新一轮科技革命与产业革命的成果，推动文化资源的数字化转换、文艺创作的创新实践、文化消费模式的变革以及文化遗产的保护与传承，是我们当前的重要任务。与此同时，要充分运用新的科技手段加强中华文化的国际传播，创建国际化的文化数据共享平台和文化交流大模型平台，以此推动中华文化全球战略传播的提级增效。

我们撰写本书，就是要在习近平文化思想的指引下，通过深入探讨文化强国建设理论与实践方面的重大问题，助力中国式现代化新征程中的文化强国建设。

序　章　文化强国的必由之路

　　文化，是民族的灵魂，是国家的根基，是历史的沉淀，是未来的引领。在全球化浪潮汹涌澎湃的今天，文化软实力已成为国家综合实力的重要组成部分，文化强国建设成为各国发展的战略选择。中国，作为一个拥有五千年悠久历史和灿烂文化的文明古国，更应将文化建设置于国家发展的重要位置，探索一条适合自身国情的文化强国之路。

　　作为习近平新时代中国特色社会主义思想的重要组成部分，习近平文化思想更是为我们指明了文化强国建设的方向。习近平文化思想的形成，有着深刻的历史背景和时代需求。它是在中国式现代化建设取得巨大成就，经济实力显著增强，人民生活水平不断提高的历史进程中不断发展的。同时，它也是在国际形势复杂多变，文化多样化趋势日益明显，文化软实力竞争日益激烈的国际环境中孕育而生的。习近平文化思想的核心要义在于强调文化的重要地位和作用，提出文化是民族的血脉，是人民的精神家园，是国家软实力的重要体现。习近平文化思想强调要坚持中国特色社会主义文化发展道路，坚持以人民为中心的工作导向，坚持把社会效益放在首位、社会效益和经济效益相统一，坚持推动文化事业全面繁荣、文化产业快速发展。这些核心要义，不仅深刻揭示了文化的本质和规律，也为我们进行文化强国建设提供了根本遵循。

中国作为大国，不仅要有强大的经济实力和军事实力，也要有强大的文化软实力。因为文化软实力是一个国家综合实力的重要组成部分，它关乎国家的形象、声誉和影响力，关乎国家的长治久安和持续发展。同时，我们也要看到，新时代背景下文化强国建设面临许多机遇和挑战。随着全球化的深入发展，文化交流互鉴日益频繁，为我们吸收借鉴世界优秀文化成果提供了有利条件。同时，科技革命的迅猛发展，也为文化创新和文化传播提供了新的手段和途径。然而，国际文化竞争也日益激烈，一些西方国家凭借其经济和文化优势，试图对我们进行文化渗透和实施文化霸权。我们必须保持清醒头脑，坚定文化自信，加强文化创新，提升文化软实力，以应对国际文化竞争的诸多挑战。

习近平文化思想具有鲜明的时代特征和丰富的内涵，强调要坚持中国特色社会主义文化发展道路，推动社会主义文化繁荣兴盛。要牢牢把握社会主义先进文化前进方向，围绕举旗帜、聚民心、育新人、兴文化、展形象的使命任务，坚持为人民服务、为社会主义服务，坚持百花齐放、百家争鸣，坚持创造性转化、创新性发展，不断铸就中华文化新辉煌。这些为我们进行文化强国建设提供了根本遵循和行动指南。

文化强国建设是一条艰巨的道路，需要不断探索和实践。在探索过程中，要坚持以习近平新时代中国特色社会主义思想为指引，深入研究和借鉴马克思列宁主义对文化问题的论述，继承和发扬中国共产党人的文化发展观，推动社会主义文化繁荣兴盛。只有这样，才能走出一条适合自身国情的文化强国之路，为中华民族伟大复兴贡献智慧和力量。

第一节　习近平文化思想为新时代文化建设提供根本遵循和行动指南

习近平文化思想是新时代中国特色社会主义文化建设的科学指南和根本遵循。中国共产党是具有高度文化自觉和文化自信的马克思主义政党。党的十八大以来，以习近平同志为核心的党中央从事关党的前途命运、事关国家长治久安、事关民族凝聚力和向心力的战略高度，深刻认识把握宣传思想文化工作的重要地位和作用，坚持把文化建设摆在治国理政突出位置，举旗定向、谋篇布局，正本清源、守正创新，推动意识形态领域形势发生全局性转变，全党全国各族人民文化自信明显增强、精神面貌更加奋发昂扬，中华民族凝聚力和向心力极大提升，为新时代开创党和国家事业新局面提供了坚强思想保证，为实现中华民族伟大复兴注入了更为主动的精神力量。文化建设取得的历史性成就是新时代伟大变革的重要体现，中国人民焕发出的强烈历史自觉和主动精神是新时代伟大变革的显著标志。习近平文化思想的形成，标志着我们党对社会主义文化建设规律的认识达到了新高度，表明我们党的历史自信、文化自信达到了新高度，是中国文化建设的重要里程碑。

习近平文化思想坚持马克思主义在文化领域的指导地位，强调马克思主义是立党立国的根本指导思想，也是社会主义文化建设的根本指导思想。马克思主义始终是我们党和国家的指导思想，是我们认识世界、把握规律、追求真理、改造世界的强大思想武器。这一论断不仅明确了马克思主义在文化领域的指导地位，也为新时代文化建设提供了根本遵循。习近平文化思想是在新时代中国特色社会主义伟大实践中形成的，具有鲜明的时代特征和中国特色。

习近平文化思想强调文化的重要地位和作用，提出文化是民族的血脉，是人民的精神家园，是国家软实力的重要体现。首先，文化创新是习近平文化思想的鲜明特征。创新是引领发展的第一动力，也是推动文化繁荣兴盛的必由之路。要推动文化创新，不断解放和发展文化生产力，提高国家文化软实力。推动文化创新需要深化文化体制改革，激发文化创新创造的活力。其次，文化体制改革是推动文化创新的重要保障。要深化文化体制改革，完善文化管理体制，加快构建把社会效益放在首位、社会效益和经济效益相统一的体制机制，推动文化事业全面繁荣、文化产业快速发展。再次，文化创新创造活力是推动文化繁荣兴盛的重要源泉。要激发全社会文化创新创造活力，让一切文化创造源泉充分涌流，努力铸就中华文化新辉煌。最后，文化安全是习近平文化思想的重要关切。文化安全是国家安全的重要组成部分，关系到国家的文化主权、文化利益和文化尊严。随着全球化进程的加速和信息技术的飞速发展，文化安全问题日益凸显。要高度重视文化安全问题，切实维护国家文化主权和文化利益。维护文化安全一方面需要重视加强意识形态工作，另一方面需要重视推动文明交流互鉴。意识形态工作是党的一项极端重要的工作，关乎旗帜、关乎道路、关乎国家政治安全。

习近平总书记强调，要坚持党管宣传、党管意识形态、党管媒体的原则，牢牢掌握意识形态工作的领导权、管理权和话语权。文明间的交流互鉴是推动人类文明进步和世界和平发展的重要动力。要尊重世界文明的多样性，以文明交流超越文明隔阂、文明互鉴超越文明冲突、文明共存超越文明优越。要坚持交流互鉴。①

坚持以人民为中心是习近平文化思想的根本立场。人民是历史的创造者，也是文化的创造者。要坚持以人民为中心的文化理念，把满足人民精神文化需要作为文化建设的出发点和落脚点。坚持以人民为中心要重视发展文化事业和文化产业，提高文化服务质量。

---

① 习近平：《高举中国特色社会主义伟大旗帜　为全面建设社会主义现代化国家而团结奋斗——在中国共产党第二十次全国代表大会上的报告》，《人民日报》2022年10月26日。

发展文化事业和文化产业是满足人民精神文化需求的重要途径。要大力发展文化事业和文化产业，提供更多更好的文化产品和服务，不断满足人民群众日益增长的精神文化需要。提高文化服务质量是满足人民精神文化需要的重要保障。要深化文化领域供给侧结构性改革，提高文化产品和服务的质量，让人民群众享有更加充实、更为丰富、更高质量的精神文化生活。

推动社会主义文化繁荣兴盛，实现中华民族伟大复兴是习近平文化思想的实践意义。习近平文化思想为新时代文化建设提供了根本遵循和行动指南，有力推动了社会主义文化繁荣兴盛。在习近平文化思想的指引下，我国文化建设取得了显著成就，文化软实力不断提升，中华文化影响力不断扩大。文化兴则民族兴，文化强则国家强。习近平总书记强调，文化自信是更基础、更广泛、更深厚的自信，是实现中华民族伟大复兴的强大精神力量。在习近平文化思想的指引下，中华民族正以更加昂扬的姿态屹立于世界民族之林，为实现中华民族伟大复兴的中国梦而努力奋斗。

习近平文化思想全面阐述了新时代文化建设的地位作用、目标任务、方针原则、战略路径、实践要求，既有文化理论上的创新突破，又有文化工作上的布局部署，是一个明体达用、体用贯通的科学体系。习近平文化思想为新时代文化建设提供了根本遵循和行动指南，也为实现中华民族伟大复兴提供了强大思想武器和科学行动指南。

第二节　建设文化强国的理论渊源和时代要求

习近平文化思想，是在新时代中国特色社会主义文化建设伟大实践中形成并不断丰富发展的，是对新时代党领导文化建设实践经验的理论总结，是对马克思主义文化理论的丰富和发展，进一步深化了我们党对社会主义文化建设规律的认识，为做好新时代新征程宣传思想文化工作、担负起建设文化强国使命提供了科学行动指南。

马克思列宁主义对文化问题的深刻论述，为建设文化强国提供了理论基础。马克思、恩格斯认为，文化是人类社会实践活动的产物，物质资料生产是文化产生的基础。文化的发展是一个历史过程，受到社会经济、政治等因素的影响，但与经济发展并非完全同步。

文化是人的本质的外化，反映了人的社会实践活动和精神世界。马克思、恩格斯强调，文化的功能在于推动人的自由而全面发展，满足人们的精神需要，提供精神寄托。文化与经济、政治相互作用。经济基础决定文化的发展方向，但文化也反作用于经济和政治。文化具有阶级性，是特定阶级利益的体现，统治阶级通过文化巩固其政治地位，被统治阶级通过文化表达政治诉求。文化的发展具有历史传承性和民族创新性。文化是在继承前人成果的基础上发展起来的，同时不同民族的文化在交流中不断创新，推动人类文化的进步。马克思、恩格斯关于文化的论述对当代中国文化建设具有重要启示：

应坚持以马克思主义为指导，推动文化创新，坚持以人为本，加强文化软实力建设，传承和弘扬中华优秀传统文化。

列宁继承和发展了马克思、恩格斯的文化理论，结合社会主义革命和建设的实践，进一步阐述了文化在社会主义建设中的重要作用。列宁认为，文化是社会实践的产物，是阶级斗争的工具。无产阶级文化应当是人类在资本主义社会压迫下创造出来的全部知识的合乎规律的发展。无产阶级文化并不是从天上掉下来的，也不是那些自命为无产阶级文化专家的人杜撰出来的，而应当是人类在资本主义社会、地主社会和官僚社会压迫下创造出来的全部知识合乎规律的发展。

文化是革命斗争的武器，是建设社会主义的物质基础，也是培养全面发展新人的重要手段。列宁强调，无产阶级文化能够激发革命斗志，提高阶级觉悟，为社会主义建设提供精神动力和智力支持。无产阶级文化应在批判继承人类文化遗产的基础上发展，坚持无产阶级政党的领导，走群众路线。列宁提出"文化革命"的号召，通过发展教育、加强文化基础设施建设等措施推动社会主义文化建设。

马克思、恩格斯和列宁对文化问题的论述，为社会主义文化建设提供了科学的理论指导，具有深远的理论和现实意义。在中国共产党领导革命、建设和改革的进程中，始终将马克思主义基本原理与中国实际相结合、与中华优秀传统文化相融合。党以先进思想文化为指引，凝聚奋斗力量，团结全国各族人民不断探索文化发展道路，推进文化建设实践，以思想文化的觉醒、理论创新成果和文化建设成就推动事业发展。中国共产党在不同历史时期始终高度重视文化建设，推动文化事业不断发展。

在新民主主义革命时期，以毛泽东同志为主要代表的中国共产党人坚持马克思主义的根本指导思想，运用唯物史观分析文化与政治、经济的关系，认为文化是社会政治和经济的反映，又给予伟大影响和作用于一定社会的政治和经济，确立了"民族的、大众的、科学的新民主主义文化"纲领，为革命胜利提供思想武器。社会主义革命和建设时期，提出革命文化要为无产阶级政治和工农兵服务，推动建设民族的、科学的、大众的新文化，坚持"百花齐放、百家争鸣"和"古为今用、洋为中用"，为我国文化建设奠定了基础。

改革开放和社会主义现代化建设新时期，以邓小平同志为主要代表的中国共产党人立足社会主义初级阶段国情，提出了"科学技术是第一生产力"的著名论断，并强调要把教育认真抓起来。强调物质文明和精神文明"两手抓"，培养"四有"新人，吸收借鉴优秀文化成果，开创了中国特色社会主义文化建设新局面。

党的十三届四中全会以后，以江泽民同志为主要代表的中国共产党人强调党要始终代表中国先进文化的前进方向，立足于中国特色社会主义的实践，着眼于世界科学文化的发展前沿，不断发展健康向上、丰富多彩的，具有中国风格、中国特色的社会主义文化。江泽民强调，坚持依法治国与以德治国相结合，持续推进精神文明建设，为现代化建设提供精神动力和智力支持。

党的十六大以后，以胡锦涛同志为主要代表的中国共产党人明确建设社会主义文化强国目标，推动文化体制机制改革创新，推进社会主义核心价值体系建设，引领文化建设进入新阶段。

党的十八大以来，以习近平同志为主要代表的中国共产党人立足新时代，系统回答中国特色社会主义文化建设的重大课题，深刻阐明方向性、根本性问题，形成习近平文化思想，开辟了文化建设新境界。

在习近平文化思想的指引下，我国文化建设在守正创新中取得历史性成就，社会主义文化强国建设迈出坚实步伐。党的十八大以来，以习近平同志为核心的党中央坚持把文化建设摆在治国理政突出位置，作出一系列重大部署，推动文化建设取得显著成效。这一时期，我国文化建设在多个方面实现了突破性进展，为实现中华民族伟大复兴的中国梦提供了强大的精神动力和文化支撑。

在新的历史起点上，要以习近平文化思想为指导，锚定 2035 年建成文化强国的战略目标，坚定不移走中国特色社会主义文化发展道路。包括坚持马克思主义在意识形态领域指导地位的根本制度，全面贯彻习近平新时代中国特色社会主义文化思想，发展面向现代化、面向世界、面向未来的，民族的科学的大众的社会主义文化。同时，我国还将着力激发全民族文化创新创造活力，坚持以人民为中心的创作导向，推动文化创新创造活力持续迸发。

世界文化激荡展现新的态势。当今世界正经历百年未有之大变局，世界之变、时代之变、历史之变以前所未有的方式展开，国际政治经济秩序和全球治理体系发生深刻变化，世界文化、人类文明的发展格局和演进态势也在经历调整和重塑。一方面，世界范围的文化多样化持续推进，文明交流互鉴日益广泛，人们对促进共同发展、维护和平稳定、推动文明进步的渴望更加强烈、需求更加迫切。另一方面，世界进入新的动荡变革期，保护主义、孤立主义、民粹主义等思潮不断抬头，文明冲突、文明优越等论调不时沉渣泛起，人类社会面临着思想割裂、文化纷争的共同威胁，人类文明站在何去何从的十字路口。面对世界范围各种思想文化交流交融交锋的新形势，以习近平同志为核心的党中央深刻把握人类文明发展规律，深刻洞察中国和世界关系的历史性变化，既在世界文化激荡中坚守中华文化立场和文化主体性，又推动落实全球文明倡议、促进人类文明交流互鉴，为人类社会发展和人类文明进步贡献中国智慧、中国方案。

第三节　国际文化发展趋势与文化强国建设的机遇与挑战

时代是思想之母，实践是理论之源。习近平文化思想，是在中华民族伟大复兴这一宏伟战略与全球百年未有之大变局相互交织、共同作用的时代背景下应运而生的。它是在中国特色社会主义文化建设领域，理论与实践深刻交融、持续创新的历史进程中逐步形成的。这一思想源自实践，同时又反过来指导和推动着实践的不断进步与发展。

随着各国经济联系的日益紧密，文化交流也愈发频繁。不同国家和地区的文化相互渗透、相互影响，形成丰富多彩的文化景观。这种多元化趋势不仅体现在文化表现形式上，如音乐、舞蹈、戏剧、电影等艺术形式的多样化；还体现在文化价值观、思想观念、生活方式等多个方面。随着信息技术的迅猛发展，文化数字化已成为国际文化发展的重要趋势。在全球化背景下，不同文化之间的交流和融合日益加深。文化融合化趋势使得各国文化在保持自身特色的基础上，能够吸收借鉴其他文化的优秀成果，推动文化创新和发展。同时，文化融合也有助于增进不同国家和民族之间的理解和友谊，促进世界和平与发展。数字技术、网络技术、虚拟现实技术等新兴技术的应用，使得文化内容的创作、传播和接受方式发生深刻变革。数字文化产品的出现，如电子书、网络音乐、在线视频等，极大地丰富了人们的文化生活。同时，数字化技术也为文化遗产的保护和传承提供了新的手段。在全球化加速、信息化普及和文化日益多样化的时代背景下，文化强国建设面临着前所未有的诸多挑战。

经济全球化促进了不同文化之间的交流与融合，使得世界文化版图更加丰富多彩。然而，这股风潮也悄然带来了文化同质化的风险。随着西方文化的强势传播，其价值观念、生活方式乃至消费模式在全球范围迅速扩散，一些国家的本土文化在西方强势文化的冲击下，逐渐被边缘化，甚至面临消失的危险。这种无形的文化侵略，对于维护国家文化主权和文化安全提出了更高要求。我国若要建成文化强国，就必须在经济全球化的浪潮中，精准识别并抵御文化渗透，守护本土文化的核心价值，同时以开放包容的姿态吸收外来文化精华，实现文化的传承与创新。

此外，全球化还加剧了文化产业之间的竞争。一些发达国家凭借强大的经济实力和技术优势，在文化产业领域不断创新，打造出具有国际影响力的文化品牌和产品。相较而言，我国文化产业存在结构性短板：现代化产业体系尚待完善，原创能力与价值转化效率存在提升空间，国际传播效能与文化话语权建设仍需加强。站在新的历史方位，我国如何把握数字化转型机遇，通过文化体制机制改革与产业创新生态构建，全面提升文化产业的全球资源配置能力与价值引领能力，已成为新时代推进文化强国建设的战略性议题。

文化数字化趋势为我国文化强国建设提供新的机遇，同时带来诸多挑战。一方面，数字技术的快速发展使得文化内容的创作、传播和接受方式发生深刻变革，对传统文化产业的发展模式带来冲击和挑战，人工智能正在深刻改变文化生产的各个环节。生成式 AI 技术如 ChatGPT、DeepSeek 已应用于剧本创作，不仅提高了创作效率，还拓宽了创作者的表达边界。另一方面，数字技术的广泛应用也带来文化安全问题，如网络文化产品的盗版和侵权等问题日益严重，对文化产业的健康发展构成威胁，例如，人工智能在艺术创作中的应用引发了关于艺术版权体系的争议，并引发了关于"文化主体性"的讨论。信息化普及虽然为文化传播提供了便捷渠道，但同时也加剧了数字鸿沟问题。一些地区和人群由于经济条件和技术水平的限制，无法充分享受信息化带来的文化红利。

创新并非无根之木、无源之水。代际传承往往能够为创新提供稳定的基础和持久的经验，代际传承，作为家族、民族乃至人类社会发展的基础，不仅是血脉的延续，更是知识、经验、技能以及文化的传承。根据中国社会科学院 2023 年的研究数据显示，Z 世代（通常指 1995 年至 2009 年出生的一代人）对传统文化的认知度相较于 80 后下降了 28%，这反映出年轻一代在传统文化知识传承方面存在一定的断层。然而，令人瞩目的是，尽管认知度有所下降，Z 世代对国潮产品的消费意愿却高出了 47%，显示出他们对融合传统元素与现代设计的国潮品牌有着浓厚的兴趣和强烈的支持意愿。文化和旅游部 2022 年的统计报告指出，非遗传承人的平均年龄已经高达 59 岁，这一数据凸显出非遗技艺传承面临的老龄化问题。更为严峻的是，30 岁以下的传承人占比不足 5%，这意味着年轻一代在非遗技艺传承上的参与度亟待提高，非物质文化遗产的保护与传承工作面临着严峻的挑战。

为应对这些挑战，应当"围绕举旗帜、聚民心、育新人、兴文化、展形象建设社会主义文化强国，发展面向现代化、面向世界、面向未来的，民族的科学的大众的社会主义文化，激发全民族文化

创新创造活力，增强实现中华民族伟大复兴的精神力量"①。应加强
文化创新和发展工作，提高文化产品的质量和竞争力。文化创新和
发展是文化强国建设的核心动力。一方面，应加大对文化产业的扶
持力度，鼓励文化企业加大研发投入和技术创新力度；另一方面，
还应加强人才培养和引进工作，培养一批具有国际视野和创新能力
的文化人才。完善文化体制机制是文化强国建设的重要保障。通过
健全文化事业、文化产业发展体制机制，推动文化繁荣，丰富人民
精神文化生活。同时，要坚持以人民为中心的工作导向，让人民不
仅物质富足而且精神富有。

　　文化遗产是一个国家和民族的文化根基和精神寄托。应加强文
化遗产的保护和传承，使文化遗产得以更好地保存和传承给后代。
一方面，我国应加大对文化遗产保护工作的投入力度，提高文化遗
产保护的效率和质量；另一方面，还应加强文化遗产的传承和教育
工作，培养一批具有文化遗产保护意识和能力的专业人才。文化数
字化趋势为文化强国建设带来新的机遇和挑战，"数字中轴"项目则
通过多层次、多维度的数字化呈现，使北京中轴线的文化价值得以
更全面、更生动地展现在世人面前。这一过程极大提升了文化遗产
展示的互动性、趣味性、体验感和沉浸感，广大受众在不受时间、
地点限制的情况下，近距离地观赏和理解文化遗产的内涵与价值，

————————

　　①　习近平：《高举中国特色社会主义伟大旗帜　为全面建设社会主义现代化国家
而团结奋斗——在中国共产党第二十次全国代表大会上的报告》，《人民日报》2022
年10月26日。

身临其境地感受文化遗产的魅力。

文化国际传播能力是文化强国建设的重要组成部分。应加强文化国际传播能力建设，推动中华文化走向世界。一方面，应加大对文化国际传播工作的投入力度，提高文化国际传播的效率和质量；另一方面，还应加强与其他国家的文化交流与合作，增进不同国家和民族之间的理解和友谊。加强国际文化交流是提升中华文化国际影响力的重要手段。通过广泛参与世界文明对话，促进中外人文交流和民心相通，构建人文共同体。例如，举办国际文化节、文化交流活动等形式，展示中华文化的独特魅力。"加快构建中国话语和中国叙事体系，讲好中国故事、传播好中国声音，展现可信、可爱、可敬的中国形象。"[①] 构建多渠道、立体式的对外传播格局，提高中华文化的国际影响力和感召力。"向全世界讲好中国历史故事、阐发中华民族精神、构建文明大国形象，推动中华文化更好地走向世界、造福世界。"[②]

应积极应对文化数字化带来的挑战，推动文化产业的健康发展。一方面，随着信息技术的飞速发展，数字技术已成为推动文化产业转型升级的关键力量。应加大对数字技术的研发和应用力度，不断提升文化产业的数字化水平，包括加强对大数据、云计算、人工智

[①] 习近平：《高举中国特色社会主义伟大旗帜　为全面建设社会主义现代化国家而团结奋斗——在中国共产党第二十次全国代表大会上的报告》，《人民日报》2022年10月26日。

[②] 张薇：《着力提升中华文化对外传播效能》，《光明日报》2024年3月1日。

能等前沿技术的探索与应用，利用这些技术优化文化产品的创作、生产、传播和消费环节，提高文化产业的效率和创新能力。同时，还应推动数字技术与传统文化产业的深度融合，如通过数字化手段保护和传承非物质文化遗产，让传统文化在数字时代焕发新的生机。另一方面，文化数字化也带来新的挑战，尤其是网络文化产品的盗版和侵权问题日益严重，严重损害了文化产业的合法权益。应加强文化安全管理工作，建立健全相关法律法规体系，加大对网络文化产品盗版和侵权等违法行为的打击力度。通过完善版权登记、交易和维权机制，保护创作者的合法权益，激发文化创新的活力。此外，还应加强国际合作，共同打击跨国文化侵权行为，维护国际文化市场秩序。

习近平文化思想是一个不断展开的、开放式的思想体系。这一思想既植根于当代中国的实践创新、理论创新，也在"人类知识的总和"中积极借鉴吸收世界文明优秀成果，具有与时俱进、守正创新的品格和广纳博采、兼收并蓄的气象。随着新时代中国特色社会主义文化建设实践的深入推进、不断拓展，习近平文化思想必将进一步丰富、发展、完善，展现更为强大的真理力量和实践伟力。

第一章　文化强国的战略目标

习近平文化思想明确了建设文化强国的战略目标，界定了中国特色社会主义文化体系建设的总体方向，并具体提出了举旗帜、聚民心、育新人、兴文化、展形象的任务目标。以习近平同志为核心的党中央把文化发展"放在我国和世界发展大势中来审视"①，确立了建设文化强国的战略目标。

在人类历史的长河中，文化始终是推动社会进步和发展的重要力量。随着全球化的深入发展，文化在国际竞争中的地位日益凸显，成为衡量一个国家综合实力的重要指标。在这样的背景下，我国提出了文化强国的战略目标，旨在通过加强文化建设，提升国家文化软实力，为中华民族伟大复兴提供强大的精神动力和文化支撑。

一个国家的文化实力，不仅关乎其国际形象，更影响其内部的社会稳定和民心凝聚。以习近平同志为核心的党中央，坚持把文化

①　习近平：《在文艺工作座谈会上的讲话》，《人民日报》2015年10月15日。

18

建设摆在治国理政的突出位置，高度重视文化建设在国家发展中的重要地位，从理论上、实践上、制度上进行探索创新，取得极为丰富厚重的重大成果。这些成果不仅体现在文化产业的蓬勃发展上，更体现在社会文明程度的显著提升和民族文化自信的不断增强上。文化是一个民族的灵魂，是维系国家统一和民族团结的精神纽带。只有坚持把文化建设放在突出位置，才能为国家的长治久安提供坚实的文化基础。同时，坚持党的文化领导权也是实现文化强国的关键。中国共产党是具有高度文化自觉和文化自信的马克思主义政党，深知文化领导权是政党执政的重要基础，是引领社会思潮、凝聚社会共识的重要力量。只有坚持党的文化领导权，才能确保文化建设的正确方向，才能为中华民族伟大复兴提供强大的思想保证和精神动力。

　　马克思主义作为我们党的指导思想，一直以来都是我们党进行理论创新和实践创新的重要源泉。党始终注重将马克思主义与中国具体实际相结合，不断推动马克思主义中国化的新进程。在这个过程中，我们党不仅重视马克思主义基本原理的运用，也注重传承和弘扬中华优秀传统文化。中华优秀传统文化是中华民族的精神命脉，是涵养社会主义核心价值观的重要源泉。应坚持将马克思主义与中华优秀传统文化相结合，推动马克思主义在中国大地上的生根发芽、开花结果。"两个结合"的理念，不仅体现了我们党对马克思主义理论的深刻理解和创新运用，也体现了我们党对中华优秀传统文化的高度自信和自觉传承。正是"两个结合"的理念，推动了中国式现代化的进程和人类文明新形态的形成。中国式现代化不仅注重经济发展的速度和规模，更注重经济发展的质量和效益；不仅注重物质文明的进步，更注重精神文明的提升。而人类文明新形态的形成，则是中国式现代化的重要成果之一，体现了人类对文明发展的新认识和新追求，也为世界文明的多样性和繁荣提供了新的可能。

过去的发展主要遵循的是经济逻辑，即通过经济发展来推动社会进步和国家繁荣。随着时代的发展，人们逐渐认识到，文化同样是一种重要的战略资源，可以为经济发展提供强大的精神动力和智力支持。因此，我们需要从经济逻辑拓展到文化逻辑，让文化成为新发展的战略资源。经济与文化"双轮驱动"的新思维，体现了我们对文化建设重要性的新认识。今天，文化已成为国际竞争的重要战场。一个国家的文化实力，不仅关乎其经济实力的增强，更影响着其国际地位和影响力的提升。需要将文化建设与经济建设放在同等重要的位置，实现经济与文化的协同发展。同时，需要实现文化作为新战略资源的有效性。不仅要注重文化的传承和创新，还要注重文化的传播与交流。通过广泛的传播与交流，让世界了解中华文化的魅力，才能提升中国的文化软实力。为此，要加强国际文化交流与合作，推动中华文化走向世界舞台的中央。

在传统观念中，文化主要指的是文学艺术、历史哲学等狭义范畴。随着时代的发展，文化的内涵和外延都在不断拓展。如今，文化已经渗透到社会生活的各个领域，成为影响人们思想观念、行为方式和社会风尚的重要因素。文学艺术、历史哲学等传统领域是文化的基础和核心，承载着民族的精神和记忆，是民族文化的瑰宝。随着科技的进步和社会的发展，狭义文化的范畴已经无法满足人们对文化的需求。因此，需要从狭义文化拓展到广义文化，将文化的认知范畴扩展到网络文化、数字文化等新兴领域。网络文化作为信息时代的产物，已经成为人们日常生活的重要组成部分，并以独特的传播方式和表现形式，影响着人们的思想观念和行为方式。而数字文化则是随着数字化技术的发展而兴起的新兴文化形态，以便捷性、交互性和创新性等特点，为文化的传承和创新提供新的可能。广义文化的认知范畴不仅体现了文化的多样性和包容性，也体现了文化与时代发展的紧密联系。只有不断拓展文化的认知范畴，才能跟上时代发展的步伐，才能满足人们对文化的多元化需要。

文化发展形态是人类文明进步的重要标志。从原始社会的口头传说到农耕时代的文字记载，再到工业时代的印刷传播和信息时代的数字传播，文化发展形态不断演进，推动着人类文明的进步和发展。如今，我们已经站在新的历史起点上。2035 年建成文化强国的时间表和路线图已经明确，我们需要朝着既定的目标前进，不断推动文化的发展和创新。在这个过程中，我们需要注重将文化发展形态提升到人类文明新形态的高度。相对于传统文明形态，人类文明新形态是一种新型文明形态，体现了人类对文明发展的新认识和新追求，也体现了人类对未来发展美好愿景的期许。人类文明新形态的形成，需要我们注重文化的创新和传播；需要我们在推动经济发展的同时，注重精神的提升和文明的进步；需要我们在加强国际交流与合作的同时，注重文化的多样性和包容性。

文化强国的战略目标是我们党在新时代背景下提出的重要战略部署，体现了我们对文化建设重要性的新认识和新追求，也体现了我们对未来发展的美好愿景和期待。只有坚持把文化建设摆在治国理政的突出位置，坚持党的文化领导权；只有注重"两个结合"，推动马克思主义中国化的新进程；只有从经济逻辑拓展到文化逻辑，让文化成为新发展的战略资源；只有从狭义的文化理解扩展到广义的文化范畴，不断拓宽对文化的认知边界；只有从文化发展形态提升到人类文明新形态，推动人类文明的进步和发展，才能实现文化强国的战略目标，为中华民族的伟大复兴提供强大的精神动力和文化支撑。

第一节　从治国理政的一般地位提升到突出地位

以习近平同志为核心的党中央深刻认识到文化建设的重要性，将其作为治国理政的重要组成部分，从理论上进行了深入探索。党的理论创新是文化建设的灵魂，是指导文化实践的根本遵循。党中央坚持马克思主义在意识形态领域的指导地位，不断推进马克思主义中国化时代化，用发展着的马克思主义指导新的实践。同时，党中央还注重吸收中华优秀传统文化中的思想精华和道德精髓，将其融入社会主义先进文化之中，使之成为涵养社会主义核心价值观的重要源泉。这些理论探索和创新为文化建设提供了科学的理论指导和强大的思想武器。

一、坚持把文化建设摆在治国理政的突出位置

文化是民族生存和发展的重要力量，是国家繁荣振兴的重要标志。党的十八大以来，以习近平同志为核心的党中央坚持把文化建设摆在治国理政的突出位置，从理论、实践和制度上进行一系列探索创新，取得极为丰富的成果。这一战略部署不仅体现了对文化建设重要性的深刻认识，也为新时代中国特色社会主义事业的发展注入了强大的精神动力。

理论上深刻阐释文化建设的重要地位。文化建设是全面建设社会主义现代化国家的战略任务。习近平总书记指出："中国特色社会主义是全面发展、全面进步的伟大事业，没有社会主义文化繁荣发展，就没有社会主义现代化。"[1] 这一论述深刻揭示了文化建设在全面建设社会主义现代化国家中的重要地位。文化建设不仅是"五位一体"总体布局的重要内容，也是协调推进"四个全面"战略布局的关键因素。它贯穿于经济建设、政治建设、社会建设和生态文明

---

[1]　习近平：《在教育文化卫生体育领域专家代表座谈会上的讲话》，《人民日报》2020 年 9 月 23 日。

建设之中，为国家的全面发展提供精神支撑和智力支持。

文化建设是满足人民精神文化需要的重要保障。随着经济社会的发展，人民对精神文化生活的需要日益增长。文化发展要以人民为中心，满足人民日益增长的美好生活需要。在文化建设中，要坚持以人民为中心的工作导向，创作更多反映人民主体地位和现实生活、群众喜闻乐见的优秀文化产品，让人民享有更加充实、更为丰富、更高质量的精神文化生活。

实践上全面推进文化建设的各项举措。深化文化体制改革，激发文化创新创造活力。党的十八大以来，我国文化体制改革取得显著成效。通过深化文化体制改革，完善文化管理体制和生产经营机制，激发各类文化主体的创新创造活力。同时，通过实施文化产业数字化战略、规范发展文化产业园区、推动文化和旅游融合发展等措施，促进文化产业的繁荣发展。这些举措不仅显著提升了文化产品的质量和供给规模，更全方位地回应了人民群众在精神文化领域日益增长的多元化多层次需求。

第一，加强社会主义精神文明建设，提高社会文明程度。社会主义精神文明建设是文化建设的重要组成部分，要把提高社会文明程度作为建设社会主义文化强国的重大任务。通过深化党的创新理论学习教育，推动理想信念教育常态化制度化，加强党史、新中国史、改革开放史、社会主义发展史教育等措施，提高全社会的思想道德水平和科学文化素质。同时，通过加强社会公德、职业道德、家庭美德、个人品德建设，营造崇德向善、见贤思齐的社会氛围。

第二，传承和弘扬中华优秀传统文化，推动中华文化创造性转化、创新性发展。中华优秀传统文化是中华民族的"根"和"魂"。习近平总书记强调，要深入挖掘和阐发中华优秀传统文化的精神内涵，用马克思主义激活中华传统文化中的优秀因子并赋予其新的时代内涵。① 通过传承和弘扬中华优秀传统文化，可以激发民族自豪感和自信心，增强国家文化软实力。同时，通过推动中华文化的创造性转化和创新性发展，可以使其更好地适应现代社会的发展需求，为国家现代化建设提供精神支撑和智力支持。

第三，加强国际传播能力建设，推动中华文化走向世界。加强国际传播能力建设对于提升国家文化软实力具有重要意义。习近平总书记指出，要推进国际传播格局重构，创新开展网络外宣，构建多渠道、立体式对外传播格局。② 通过加强国际传播能力建设，可以更加主动地宣介中国主张、传播中华文化、展示中国形象。同时，通过广泛开展形式多样的国际人文交流合作，可以增进各国人民之间的相互了解和友谊，推动构建人类命运共同体。

制度上构建完善的文化建设制度体系。意识形态工作是党的一项极端重要的工作。习近平总书记指出，要坚持马克思主义在意识

---

①② 《习近平在中共中央政治局第十七次集体学习时强调 锚定建成文化强国战略目标 不断发展新时代中国特色社会主义文化》，《人民日报》2024 年 10 月 29 日。

形态领域指导地位的根本制度。① 这一制度的确立，为文化建设提供根本遵循和保障。通过加强马克思主义理论研究和宣传教育，巩固全党全国人民团结奋斗的共同思想基础。同时，通过加强对意识形态领域的引导和管理，维护国家文化安全和政治安全。

一方面，建立健全公共文化服务体系。公共文化服务是保障人民基本文化权益的重要途径。要坚持为人民服务、为社会主义服务的方向，坚持百花齐放、百家争鸣的方针，全面繁荣新闻出版、广播影视、文学艺术、哲学社会科学事业。通过建立健全公共文化服务体系，提高公共文化服务的覆盖率和均等化水平，让人民享有更加充实、更为丰富、更高质量的精神文化生活。

另一方面，完善文化产业规划和政策。文化产业是国民经济的重要组成部分。习近平总书记指出，要坚持把社会效益放在首位、社会效益和经济效益相统一的原则，深化文化体制改革，完善文化产业规划和政策。通过完善文化产业规划和政策，可以引导文化产业健康有序发展，提高文化产业的质量和效益。同时，通过加大对文化产业的扶持力度，可以激发各类文化主体的创新创造活力，推动文化产业繁荣发展。

党的十八大以来，文化建设在正本清源、守正创新中取得历史性成就。社会主义文化强国建设迈出坚实步伐，国家文化软实力和中华文化影响力显著提升。同时，通过传承和弘扬中华优秀传统文

---

① 《习近平在中共中央政治局第十七次集体学习时强调　锚定建成文化强国战略目标　不断发展新时代中国特色社会主义文化》，《人民日报》2024 年 10 月 29 日。

化，激发了民族自豪感和自信心，增强了国家的凝聚力和向心力。为新时代中国特色社会主义事业发展提供强大精神动力。把文化建设摆在治国理政的突出位置，不仅推动了文化自身的繁荣发展，也为新时代中国特色社会主义事业发展提供了强大的精神动力。通过加强社会主义精神文明建设、提高社会文明程度等措施，提高了全社会的思想道德水平和科学文化素质。

为全面建设社会主义现代化国家奠定坚实基础。文化建设是全面建设社会主义现代化国家的重要组成部分。把文化建设摆在治国理政的突出位置，有利于推动经济、政治、社会、生态文明等各方面的协调发展。通过加强文化建设，提高人民的精神文化生活水平，促进社会和谐稳定；激发全社会的创新创造活力，推动经济高质量发展；加强生态文明建设，实现人与自然的和谐共生。

把文化建设摆在治国理政的突出位置，是新时代中国特色社会主义事业发展的必然要求。通过加强理论创新、实践探索和制度建设，我国文化建设取得了一系列成果，不仅推动了文化自身的繁荣发展，也为新时代中国特色社会主义事业发展提供了强大的精神动力。要继续坚持把文化建设摆在治国理政的突出位置，不断推动文化创新创造和文化事业产业繁荣发展，为全面建设社会主义现代化国家、全面推进中华民族伟大复兴作出新的更大贡献。

二、坚持党的文化领导权

中国共产党自成立以来，就高度重视对宣传思想文化工作的领导，始终把掌握和巩固文化领导权作为重中之重。从毛泽东提出掌握思想领导是掌握一切领导的第一位，"中国新文化也不能离开中国无产阶级文化思想的领导"①，到邓小平提出"我们说改善党的领导，其中最主要的，就是加强思想政治工作"②，再到习近平总书记提出"党的领导是社会主义文艺发展的根本保证"③，要着力加强党对宣传思想文化工作的领导，表明我们党对中国特色社会主义文化建设规律的认识不断深化，对党的文化领导权的把握更加自觉、更加主动、更加坚定。

我们党始终把坚持文化领导权建设放在重要战略地位，在革命年代就提出，掌握思想领导是掌握一切领导的第一位。通过文艺作品、宣传标语等多种形式，我们党成功地将马克思主义思想传播到广大人民群众中去，为新民主主义革命的胜利奠定了坚实的思想基础。社会主义革命和建设时期，坚持党的领导，以人民为中心建立马克思列宁主义指导的文化生产体系。改革开放以后，面对西方文化和市场经济的冲击，我们党既强调要大胆吸收和借鉴人类社会创造的一切文明成果，又强调必须坚持四项基本原则，坚持党对文化战线的领导。进入新时代，面对思想文化领域的新情况新问题，党中央更加重视党的文化领导权，强调必须把意识形态工作的领导权、管理权、话语权牢牢掌握在手中，任何时候都不能旁落。

---

① 《毛泽东选集》第 2 卷，人民出版社 1991 年版，第 705 页。
② 《邓小平文选》第 2 卷，人民出版社 1994 年版，第 365 页。
③ 习近平：《在文艺工作座谈会上的讲话》，《人民日报》2015 年 10 月 15 日。

我们党把马克思主义基本原理同中国具体实际相结合、同中华优秀传统文化相结合，不断推进理论创新。坚持马克思主义这个立党立国、兴党兴国之本不动摇，作出符合中国实际和时代要求的正确回答，得出符合客观规律的科学认识。与此同时，坚持胸怀天下，借鉴吸收人类创造的一切优秀文明成果，积极回应各国人民普遍关切，为解决人类面临的共同问题作出贡献。

党的十八大以来，党着眼思想文化相互激荡、思想观念深刻变化、文化空间新生重组的趋势，高度重视加强意识形态工作，牢牢掌握党对意识形态工作领导权，全面落实意识形态工作责任制，加强意识形态阵地建设和管理，就意识形态领域许多方向性、战略性问题作出部署，着力解决意识形态领域党的领导弱化问题，从根本上扭转了意识形态领域一度出现的被动局面，使我国意识形态领域形势发生全局性、根本性转变。党的十九届四中全会首次将坚持马克思主义在意识形态领域指导地位作为一项根本制度加以确立，为坚持党的文化领导权提供了可靠制度保障。

习近平新时代中国特色社会主义思想是当代中国马克思主义、21世纪马克思主义，是中华文化和中国精神的时代精华，是党和国家必须长期坚持的指导思想。要坚持党的文化领导权，用习近平新时代中国特色社会主义思想凝心铸魂，引导干部群众全面学习领会这一思想的科学体系、丰富内涵、实践要求，深入把握这一思想的世界观和方法论，坚持好、运用好贯穿其中的立场观点方法，不断增进对党的创新理论的政治认同、思想认同、理论认同、情感认同，更好把党的创新理论转化为认识世界、改造世界的强大力量。坚持党的文化领导权，是确保社会主义意识形态安全的重要保证。意识形态决定文化的前进方向和发展道路。

"如果从观念上来考察，那么一定的意识形式的解体足以使整个时代覆灭。"[①] 巩固党的执政安全，不仅要夯实党执政的阶级基础、群众基础、组织基础，也要夯实党执政的思想基础。历史证明，一个政权的瓦解往往是从思想领域开始的，思想防线被攻破了，其他防线也就很难守住。有效应对思想文化领域的风险挑战、维护党的执政安全，就必须把文化领导权牢牢掌握在手中，巩固好马克思主义在意识形态领域的指导地位，巩固好全党全军全国各族人民团结奋斗的共同思想基础，在思想上、精神上、文化上筑牢党的执政基础和群众基础。

坚持党的文化领导权，才能确保社会主义文化沿着正确的方向前进。推动文化繁荣发展是全面建成社会主义现代化强国的重要方面。中国特色社会主义文化是社会主义性质的文化，反映社会主义的政治经济实践并为之服务，同资本主义及一切剥削阶级的文化存在根本区别；是无产阶级和广大人民群众的文化，把满足人民群众的精神文化需求作为根本出发点，文化建设始终为了人民、依靠人民、服务人民；是源自中华民族、根植于中国实践的文化，传承中华优秀传统文化的基因血脉，反映当代中国的伟大实践。这些属性

---

① 《马克思恩格斯文集》第 8 卷，人民出版社 2009 年版，第 170 页。

特征之所以独特而鲜明，根本原因就在于中国共产党的领导。

　　坚持党的文化领导权，才能确保文化建设始终坚持以人民为中心，不断推出更多反映人民主体地位和现实生活、群众喜闻乐见的优秀文艺作品，丰富人民精神世界、增强人民精神力量。满足人民日益增长的美好生活需要，文化是重要因素。随着人民收入和物质生活水平的不断提高，人们的精神文化需求朝着高品质多样化方向转变。发展文化事业和文化产业，是推动文化繁荣兴盛、满足人民精神文化需求的重要途径。

　　加强理论武装，是坚持党的文化领导权的具体实践要求。站在维护党和国家长治久安的高度不断推动马克思主义中国化时代化，让马克思主义始终成为时代的最强音；始终不渝地坚持马克思主义在意识形态领域指导地位的根本制度，确保无论是党的理论武装工作，还是哲学社会科学工作、文艺工作、新闻舆论工作、教育教学工作等，都以马克思主义为指导。党的领导是全面的、系统的、整体的，必须全面、系统、整体地加以落实，切实把党的领导落实和体现在宣传思想文化工作各方面各环节。

　　加强党中央对宣传思想文化工作的集中统一领导，完善文化建设领导管理体制机制，旗帜鲜明坚持党管宣传、党管意识形态、党管媒体、党管互联网。一方面，坚持党性和人民性相统一，坚持正确政治方向，站稳政治立场，坚定宣传党的理论和路线方针政策，坚定宣传中央重大决策部署，坚定宣传中央关于形势的重大分析判断，坚决同党中央保持高度一致，坚决维护党中央权威；另一方面，把体现党的主张和反映人民心声统一起来，把实现好、维护好、发展好最广大人民根本利益作为出发点和落脚点。

坚持党的文化领导权，是新时代中国特色社会主义文化建设的基本要求，也是实现中华民族伟大复兴的必由之路。只有坚持党的文化领导权，才能确保社会主义意识形态的安全，推动社会主义文化繁荣发展，满足人民精神文化需要，实现中华民族的伟大复兴。在新的历史起点上，要继续加强党对宣传思想文化工作的全面领导，不断推动社会主义文化创新发展，为全面建设社会主义现代化国家、全面推进中华民族伟大复兴提供强大的精神力量。

第二节　从"一个结合"拓展到"两个结合"

马克思主义，作为指引人类社会前进的明灯，在中国共产党的实践中不断焕发新的生机。中国共产党人始终致力于马克思主义的中国化，将这一科学理论与中国的具体实际紧密结合，探索出一条具有中国特色的社会主义道路。在马克思主义中国化的进程中，我们不仅注重将马克思主义基本原理同中国具体实际相结合，更重视传承与弘扬中华优秀传统文化。中华优秀传统文化是中华民族的精神根基，为马克思主义在中国大地的生根发芽提供了肥沃的土壤。

进入新时代，以习近平同志为核心的党中央提出"两个结合"的重要理念，即把马克思主义基本原理同中国具体实际相结合、同中华优秀传统文化相结合。这一理念不仅体现了中国共产党人的文化自觉和文化自信，也为我们在新时代背景下推动马克思主义中国化提供了新的路径和方向。"两个结合"的提出，不仅丰富了马克思主义的理论内涵，也为中国特色社会主义事业的发展注入了新的活力。在"两个结合"的指引下，不断探索符合中国国情的发展道路，推动经济、政治、文化等全面发展，推进了中国式现代化。

一、马克思主义中国化的新进程

马克思主义中国化是中国共产党在实践中不断探索和发展的重要课题。中国共产党将马克思主义基本原理同中国具体实际相结合，推动了中国革命、建设和改革的伟大事业。习近平总书记在庆祝中国共产党成立 100 周年大会上的重要讲话中明确提出了"两个结合"的重要论断，即"把马克思主义基本原理同中国具体实际相结合、同中华优秀传统文化相结合"，开辟了马克思主义中国化时代化新境界。

毛泽东是马克思主义中国化的开创者。在新民主主义革命时期，他就明确指出："马克思主义必须和我国的具体特点相结合并通过一定的民族形式才能实现……使马克思主义在中国具体化，使之在其每一表现中带着必须有的中国的特性，即是说，按照中国的特点去应用它，成为全党亟待了解并亟须解决的问题。"[1] 毛泽东将马克思

---

[1] 《毛泽东选集》第 2 卷，人民出版社 1991 年版，第 534 页。

主义基本原理与中国革命的具体实际相结合，成功领导了新民主主义革命，取得了中国革命的伟大胜利。在社会主义革命和建设时期，毛泽东继续推进马克思主义中国化，提出了"以苏为鉴"，探索适合中国国情的社会主义建设道路。他对马克思主义中国化的探索为后来的中国特色社会主义道路奠定了基础。

在改革开放新时期，邓小平继续推进马克思主义中国化，提出了"走自己的道路，建设有中国特色的社会主义"①的伟大命题，强调要把马克思主义的普遍真理同我国的具体实际结合起来，走自己的道路，建设有中国特色的社会主义。邓小平理论是马克思主义中国化的重要成果，成功指导了中国改革开放的伟大实践，推动实现了中国社会主义建设的巨大成就。

此后，江泽民提出的"三个代表"重要思想、胡锦涛提出的科学发展观，都是对马克思主义中国化的进一步深化和发展。这些理论成果都强调了马克思主义基本原理必须与中国具体实际相结合，才能推动中国特色社会主义事业的不断发展。

随着中国特色社会主义进入新时代，面对新的国内外形势和实践新要求，以习近平同志为主要代表的中国共产党人，创立了习近平新时代中国特色社会主义思想，是马克思主义中国化的最新成果。习近平总书记明确提出了"两个结合"的重要论断。这一论断的提出，是对马克思主义中国化历史经验的深刻总结，也是对新时代中

---

① 《邓小平文选》第 3 卷，人民出版社 1993 年版，第 3 页。

国特色社会主义事业发展的科学指导。

把马克思主义基本原理同中国具体实际相结合，这是马克思主义中国化的基本要求和核心内容。它要求我们在实践中不断运用马克思主义的基本立场、观点和方法来分析和解决问题，推动中国特色社会主义事业不断发展。这一结合已经在中国革命、建设和改革的伟大实践中得到充分证明，是中国共产党取得成功的关键所在。

把马克思主义基本原理同中华优秀传统文化相结合。这是马克思主义中国化的新拓展和新要求。它要求我们在坚持马克思主义基本原理的同时，深入挖掘中华优秀传统文化的智慧和力量，将其与马克思主义的思想精髓相互融合。这一结合不仅为马克思主义在中国的传播与发展提供了丰富的人文精神、道德价值和历史智慧养料，也让中华优秀传统文化在现代社会中焕发出新的生机和活力，成为推动中国特色社会主义事业发展的重要力量。

从"一个结合"拓展到"两个结合"，是马克思主义中国化进程中的重要里程碑。它意味着中国共产党在推进马克思主义中国化时代化的道路上又迈出了坚实的一步。通过坚持马克思主义基本原理同中国具体实际相结合、同中华优秀传统文化相结合的原则和要求，"两个结合"为推动中国特色社会主义事业的不断发展和实现中华民族伟大复兴奠定了坚实基础。同时，"两个结合"也为文化强国战略的实施提供了重要的理论支撑和实践指导。在未来的发展中，应该继续坚持"两个结合"的原则和要求，不断推动马克思主义中国化时代化的深入发展，为实现中华民族伟大复兴的中国梦贡献智慧和力量。

二、重视传承与弘扬中华优秀传统文化

"求木之长者，必固其根本；欲流之远者，必浚其泉源。"中华文化源远流长，是世界上唯一没有中断的古老文化，数千年来，它以强大的生命力顽强坚韧地发展着，创造了人类文明发展史上一个又一个辉煌成就。每一种文化都有自己的根脉，而中国特色社会主义文化的根脉则深深扎根于中华优秀传统文化之中。这是中国特色社会主义文化的基因，是滋养其茁壮成长的沃土，也是其独特之处和优势所在。

文脉就是国脉，文运就是国运。习近平总书记指出："中华优秀传统文化是中华民族的文化根脉，其蕴含的思想观念、人文精神、道德规范，不仅是我们中国人思想和精神的内核，对解决人类问题也有重要价值。"① 传承与弘扬中华优秀传统文化，是延续中华民族根脉的必然要求。中国共产党是具有高度文化自觉和文化自信的马克思主义政党，自成立之日起就注重运用先进文化引领前进方向、凝聚奋斗力量、推动事业发展。党的历届领导人强调要将马克思主义基本原理同中国具体实际相结合、同中华优秀传统文化相结合，以推动中国特色社会主义事业的发展。中华优秀传统文化中蕴含的哲学思想、人文精神、道德规范等，都是今天进行文化创造和文化

---

① 《习近平在全国宣传思想工作会议上强调　举旗帜聚民心育新人兴文化展形象　更好完成新形势下宣传思想工作使命任务》，《人民日报》2018 年 8 月 23 日。

创新的宝贵资源。实现中华优秀传统文化的激活，需要我们高度重视对其进行创造性转化和创新性发展。这意味着不能简单地照搬照抄传统文化，而是要结合时代特点和实践需求，对传统文化进行新的诠释和挖掘，使其在新的历史条件下焕发出新的生机和活力。

中华传统文化博大精深，内涵之丰富、思想之深邃，堪称人类文明的瑰宝。学习和掌握其中的各种思想精华，不仅是对个人智慧的滋养，更是对树立正确世界观、人生观、价值观的极大助力。在古代先贤的言传身教中，有诸多闪耀着智慧光芒的典范。"先天下之忧而忧，后天下之乐而乐"，这是一种何等崇高的政治抱负！它告诉后人，作为社会的一分子，应当把国家的利益、民族的命运放在首位，以天下为己任，忧国忧民，乐在天下人之后。这种精神，是中华民族忧国忧民、以天下为己任的传统美德的体现。"位卑未敢忘忧国""苟利国家生死以，岂因祸福避趋之"，掷地有声的话语，表达了古人无论身居何位，都心系国家、报效祖国的坚定情怀。这种报国情怀，是中华民族热爱祖国、忠于国家的精神支柱，激励着一代又一代人为国家的繁荣富强而努力奋斗。"人生自古谁无死，留取丹心照汗青""鞠躬尽瘁，死而后已"，这两句话彰显了古人为了理想和事业不惜牺牲一切的献身精神。这种精神，是中华民族勇于担当、无私奉献的崇高品质的体现，激励着后人为了崇高的目标和理想，勇往直前、不懈奋斗，这种正气是中华民族坚韧不拔、自强不息的精神象征。这些思想精华和民族精神，都是中华优秀传统文化的重要组成部分，凝聚着古人的智慧和心血，传承着中华民族的精神基因。应该珍视这份宝贵的精神财富，深入学习和领会其中的深刻内涵，将其融入我们的思想深处，成为行动的指南，为全面建设社会主义现代化国家提供丰厚历史文化滋养。

传承与弘扬中华优秀传统文化，对于新时代背景下的中国具有重要意义。中国特色社会主义文化，是中国的文化，具有浓厚的中国特色、中国风格、中国气派，其价值主体是中国共产党和中国人民，其文化内容是中国共产党和中国人民创造的精神成果，具有明确的中国立场。在推动中国特色社会主义文化发展、建设社会主义文化强国的进程中，突出中国特色，体现中国共产党、中国人民的文化主张，是至关重要的。

党的十八大以来，以习近平同志为核心的党中央作出"大力弘扬中华优秀传统文化，构建中华传统文化传承体系"的重大战略决策。传承与弘扬中华优秀传统文化，是推动社会主义文化繁荣兴盛的重要举措。中华优秀传统文化作为中华民族的根脉与灵魂，是新时代中国特色社会主义文化发展的深厚基础，是推动中华文化"走出去"的不竭动力。通过传承与弘扬中华优秀传统文化，激发文化创新创造活力，为社会主义文化繁荣兴盛提供强大动力。党的十九届五中全会将建设"文化强国"，"国民素质和社会文明程度达到新高度，国家文化软实力显著增强"的文化战略目标纳入"到2035年基本实现社会主义现代化远景目标"中。传承与弘扬中华优秀传统文化是建设文化强国的重要途径。中华优秀传统文化是我们提高国家文化软实力最深厚的源泉，通过传承与弘扬中华优秀传统文化，可以增强中华文化的国际影响力，提升国家文化软实力，推动文化强国战略目标的实现。

文化自信是一个国家、一个民族发展中最基本、最深沉、最持久的力量。传承与弘扬中华优秀传统文化，是增强文化自信的重要途径。中华优秀传统文化承载着中华民族五千年文明历史传统，包含着中华民族最基本的、共同的价值追求。通过传承与弘扬中华优秀传统文化，可以巩固文化的主体性，增强文化自信，为中华民族伟大复兴提供强大的精神力量。传承与弘扬中华优秀传统文化，对于推动社会主义文化繁荣兴盛、建设文化强国、全面建设社会主义现代化国家具有重大现实意义。通过加强文化遗产保护传承、推动中华优秀传统文化创造性转化、创新性发展、加强中华优秀传统文化宣传教育、促进外来文化本土化等措施，可以有效地传承与弘扬中华优秀传统文化。

第三节　从经济逻辑拓展到文化逻辑

在当今世界的发展大潮中，经济与文化的交融日益紧密，两者相互促进、相得益彰。中国的发展实践，正经历着从经济逻辑向文化逻辑的拓展，形成经济与文化"双轮驱动"的新思维。经济是发展的基础，文化则是发展的灵魂。仅凭经济的力量难以支撑一个国家的长远发展，文化的繁荣是国家软实力的体现，是民族精神的彰显。因此，让文化成为新发展的战略资源，已成为我们时代的重要课题。文化作为新战略资源，不仅能够为经济发展提供精神动力和智力支持，还能够在国际竞争中展现国家的独特魅力和影响力。实现文化作为新战略资源的有效性，必须深入挖掘和传承中华优秀传统文化，推动其创造性转化和创新性发展，让文化在现代化进程中焕发出新的生机与活力。

一、经济与文化"双轮驱动"的新思维

经济与文化"双轮驱动"的新思维是指将经济与文化视为两个相互依存、相互促进的要素，通过两者的深度融合和互动发展来推动社会全面进步的一种新型发展模式。这一模式强调经济与文化之间的内在联系和相互作用，要求在经济发展中注重文化的培育和提升，在文化发展中注重经济效益的实现。

"双轮驱动"模式有助于推动社会全面进步。在经济方面，它可以促进产业结构的优化升级，提高经济效益和竞争力；在文化方面，它可以提升人们的文化素养和审美水平，丰富人们的精神文化生活。两者的深度融合和互动发展可以形成强大的合力，推动社会全面进步。

经济是文化发展的基础，这是马克思主义文化理论的基本观点。如马克思所言："物质生活的生产方式制约着整个社会生活、政治生活和精神生活的过程。"① 经济的繁荣为文化事业的发展提供必要的

---

① 《马克思恩格斯全集》第 13 卷，人民出版社 1962 年版，第 8 页。

资金支持和市场保障。今天，一个国家的经济实力直接影响着其文化产品的生产、传播和接受程度。中国的文化产业在近年来之所以能够迅速崛起，也与中国经济的快速增长密不可分。经济的繁荣为文化创新提供更多的可能性和空间，使得文化产品能够更加多元化、个性化地满足人们的需求。

文化不仅是经济的反映，更是经济的推动力。文化的繁荣能够提升人们的文化素养和审美能力、激发创新思维和创业精神，为经济发展提供新的动力源泉。在当今社会，文化创新已经成为推动经济发展的重要引擎。文化创意产业、数字经济等新兴产业的蓬勃发展，正是文化与经济深度融合的生动体现。文化元素的融入，使得产品更具附加值和竞争力，从而推动经济结构的优化和升级。

随着时代的发展，经济与文化之间的界限日益模糊，两者相互渗透、相互促进的趋势越发明显。经济活动蕴含着丰富的文化元素，而文化活动也离不开经济的支持。这种相互渗透、相互融合的趋势，不仅丰富了经济和文化的内涵，也催生了新的发展模式。例如，文化旅游、文化电商等新兴业态的兴起，就是经济与文化深度融合的产物。这些新兴业态不仅推动了经济的发展，也促进了文化的传播和交流。经济与文化"双轮驱动"是新时代发展的必然趋势。一方面，经济发展需要文化的支撑和推动。在经济全球化的今天，文化已经成为国家竞争力的重要组成部分。一个国家的经济实力再强，如果没有文化的支撑，也难以在国际竞争中立于不败之地。另一方面，文化发展也需要经济的支持和保障。文化的繁荣离不开经济的物质基础，只有经济发展了，才能为文化建设提供更多的资金支持和市场保障。

经济与文化"双轮驱动"的实践意义在于推动社会全面进步。一是促进经济结构的优化和升级。文化元素的融入，使产品更具附加值和竞争力，从而推动经济向高端化、智能化、绿色化方向发展。二是提升国家的软实力。文化的繁荣可以增强国家的文化自信心和民族自豪感，提升国家在国际上的形象和地位。如约瑟夫·奈（Joseph Nye）所言：软实力是一种能力，它能通过吸引力而非威逼或利诱达到目的。三是满足人民日益增长的美好生活需要。随着经济社会的发展，人民对文化生活的需求日益多样化和高层次化。经济与文化"双轮驱动"可以更好地满足人民的精神文化需要，提高人民的生活质量和幸福感。

经济与文化作为社会发展的两大领域，其相互关系及互动机制对于推动社会全面进步具有重要意义。经济与文化"双轮驱动"的新思维，不仅揭示了经济与文化相互依存、相互促进的内在联系，也为新时代社会发展提供了理论支撑和实践指导。要继续加强经济与文化融合发展的研究和实践探索，推动经济与文化深度融合、相互促进，为实现中华民族伟大复兴的中国梦贡献智慧和力量。具体而言，要进一步加强政策引导和支持，为经济与文化融合发展提供良好环境；要推动产业融合发展，形成新的产业形态和发展模式；要加强科技创新和应用，提高文化产品的吸引力和影响力；要加强人才培养和引进，为经济与文化融合发展提供人才支撑和智力支持。

同时，要积极借鉴国内外成功经验和做法，不断创新和发展经济与文化"双轮驱动"的新模式和新路径。让经济与文化"双轮驱动"成为推动社会全面进步的重要力量，为中华民族的伟大复兴注入新的活力和动力。

二、让文化成为新发展的战略资源

在当今世界，文化作为一种深层次的力量，正以前所未有的方式影响着国家的发展进程和国际竞争格局。将文化视为新发展的战略资源，不仅是对文化价值的深刻认识，更是对时代发展潮流的准确把握。

文化软实力，作为国家综合实力中不可或缺的一环，重要性日益凸显。它不同于传统的硬实力，如军事、经济等，而是体现在国家的文化影响力、文化创新力和文化传播力等更为深层次的方面。首先，文化影响力是国家在国际舞台上展现自身魅力和吸引力的重要手段。一个国家的文化，如同其名片，能够向世界展示其独特的历史底蕴、民族精神和时代风貌。通过文化的交流与传播，国家之间可以增进相互了解和友谊，为国际合作奠定坚实的民意基础。同时，强大的文化影响力还能够提升国家的国际地位，使国家在国际事务中发挥更加积极的作用。其次，文化创新力是国家文化软实力的核心。在全球化日益加速的今天，文化创新已成为推动国家文化发展的重要动力。只有不断创新，才能保持文化的活力和吸引力，使国家在文化竞争中立于不败之地。文化创新不仅体现在文化内容的创新，还体现在文化形式、文化传播手段的创新。通过文化创新，国家可以打造出更具特色的文化品牌，提升文化的国际影响力。最后，文化传播力是国家文化软实力的重要保障。文化传播力的强弱，直接影响着国家文化的传播范围和影响力。在信息化、网络化的今天，文化传播手段日新月异，为文化传播提供了更加广阔的空间和更加便捷的途径。应充分利用这些现代传播手段，加强与其他国家的文化交流与合作，推动本国文化的国际传播，提升国家的文化软实力。

文化不仅是精神层面的追求，也是推动经济社会发展的重要力量。在经济发展中，文化产业的崛起已成为一股不可忽视的力量。文化产业以其独特的创意性、高附加值和低碳环保等特点，成为新的经济增长点。第一，文化产业的发展创造新的经济增长点。随着生活水平的提高和消费结构的升级，文化消费逐渐成为人们消费的重要组成部分。《文化产业振兴规划》指出："文化产业是市场经济条件下繁荣发展社会主义文化的重要载体。"[1] 文化产业的繁荣发展，不仅满足人们日益增长的文化需求，还带动相关产业的发展，如旅游、餐饮、住宿等。这些产业的发展，又进一步促进就业和经济增长。第二，文化产业的发展提升就业水平。文化产业作为新兴产业，就业吸纳能力较强。随着文化产业的不断发展壮大，越来越多的就业机会被创造出来，为社会提供了更多的就业岗位。第三，文化产

---

[1] 《文化产业振兴规划》，《人民日报》2009 年 9 月 27 日。

业的发展还促进人才流动和人才培养，为经济社会的持续发展提供有力的人才保障。第四，文化产业的发展促进经济结构优化升级。在传统产业转型升级的背景下，文化产业作为新兴产业，其发展壮大有助于推动经济结构的优化升级。通过发展文化产业，可以推动经济从依赖传统的高能耗、低附加值产业向低碳环保、高附加值产业转变，实现经济的可持续发展。第五，文化为经济发展提供智力支持和精神动力。文化是人类智慧的结晶，蕴含着丰富的知识和深刻的哲理。加强文化建设，培养人们的创新思维和实践能力，为经济发展提供源源不断的智力支持。第六，文化激发人们的创业热情和创新精神，为经济发展注入强大的精神动力。因此，将文化视为推动经济社会发展的重要力量，充分发挥文化产业在经济发展中的独特作用，已成为推动经济社会持续健康发展的必然选择。

　　文化是人的精神家园，是实现人的全面发展的关键。人的全面发展，不仅体现在物质层面的丰富和满足，更体现在精神层面的充实和提升。通过加强文化建设，可以提升公民的文化素养和审美能力，培养健康的生活方式和高尚的道德情操，促进人的全面发展。第一，加强文化建设，提升公民的文化素养和审美能力。文化素养和审美能力是人的综合素质的重要组成部分，影响着人们的思维方式、行为方式和价值观念。通过加强文化建设，可以丰富人们的精神世界，提升人们的文化素养和审美能力，使人们更加懂得欣赏美、创造美和传播美。第二，加强文化建设，培养健康的生活方式。健康的生活方式是人的全面发展的重要保障。正如《健康中国行动（2019—2030 年）》中强调的："人民健康是民族昌盛和国家富强的重要标志。"通过加强文化建设，可以引导人们树立正确的健康观念，养成健康的生活习惯，提高生活质量。第三，加强文化建设，可以为人们提供丰富多样的文化娱乐活动，满足人们的精神需要，促进身心健康。第四，加强文化建设，可以培养高尚的道德情操。道德情操是人的精神世界的重要组成部分，体现人的价值追求和人格魅力。通过加强文化建设，可以弘扬社会主义核心价值观，引导人们树立正确的道德观念，增强道德责任感和使命感。同时，通过艺术、文学等形式，传递正能量，激发人们的善良本性和社会责任感。因此，将文化视为实现人的全面发展的关键，加强文化建设，已成为促进人的全面发展、构建和谐社会的重要途径。通过加强文化建设，可以培养出具有高素质、高技能、高品德的新时代公民，为经济社会的持续健康发展提供有力的人才保障和精神支撑。

三、实现文化作为新战略资源的有效性

国家之魂，以文铸之。文化，深深根植于国家与民族血脉之中，不仅是维系社会稳定、推动国家发展的不竭动力，更是塑造国家独特形象与增强民族自信心的基石。今天，文化作为一种新战略资源，其有效性越发凸显，成为国家竞争力的重要组成部分。

文化自信是一个国家、一个民族发展中最基本、最深沉、最持久的力量。近年来，我国通过一系列文化举措，展现中华文化的深厚底蕴和时代魅力。《复兴文库》、"中国历代绘画大系"的编纂出

版，系统梳理了中华文明的发展脉络；中国共产党历史展览馆、中国国家版本馆等文化单位的相继成立，让古老文物焕发新生，增强了中国人民的文化认同感，也极大地提升了国家的文化软实力和国际形象。文化是创新的源泉，不断激发着人们的创造力和想象力，是推动社会进步的重要力量。中国式现代化强调物质文明和精神文明的相互协调、相互促进，为文化创新提供了广阔的天地。在新时代的创新创造中，文化扮演着不可或缺的角色。

文化创新还渗透到制度创新、理论创新和实践创新等多个层面。通过制度创新，不断将制度优势转化为治理效能；通过理论创新，及时科学地解答时代新课题；通过实践创新，不断开辟中国发展的新境界。例如，深圳从一个缺少历史文化积淀的"文化沙漠"，转变为文化创意勃发、文化产业繁荣的现代化大都市，这得益于深圳率先提出"文化立市"战略，加强公共文化服务体系建设，推动文化产业创新发展。此外，文化创新还体现在传统文化的现代转化上。如敦煌莫高窟的数字化保护项目，通过数字化技术为洞窟、壁画、彩塑等建立数字档案，实现了对文化遗产的永久保存和传承。这种创新方式不仅保护了珍贵的文化遗产，也让更多人能够近距离感受到中华文化的魅力。这些创新成果不仅推动了经济社会发展，也极大地增强了国家的国际竞争力。文化创新对于推动国家经济社会发展具有显著而深远的作用。

文化是民族的黏合剂，它像一根纽带将人们紧紧连接在一起，是促进社会团结和民族凝聚的重要力量。文化通过传承和弘扬民族精神、价值观和社会规范，增强人民的归属感和认同感。通过文化促进经济发展和社会进步的模式具有广泛的推广价值，如陕北黄土高原上的延安苹果产业，不仅带动当地经济发展，也成为当地人民团结奋斗的象征。文化体育活动也是促进社会团结和民族凝聚的重要途径。和田县举办的"石榴籽杯"农牧民足球赛，浇灌各民族交往交流交融的"石榴花"。文化还通过教育的方式促进民族团结。如江西省丰城市春波学校，通过爱心助学、文明礼貌教育等方式，不仅解决农村在外务工人员的后顾之忧，还带动乡村义务教育学校的蓬勃发展，促进民族团结和社会进步。

作为国家战略资源，文化具有显著的有效性。它不仅塑造国家形象、增强民族自信，还推动创新发展和社会进步、促进社会团结和民族凝聚、提升国际影响力和软实力。在中国式现代化的实践中，文化发挥不可替代的作用。展望未来，我们应继续坚定文化自信、加强文化建设、推动文化创新和发展，让文化成为推动国家发展、民族复兴的强大力量。

第四节　从狭义文化拓展到广义文化

在探讨文化这一概念时，往往首先想到的是狭义的文化，即艺术、文学、历史、哲学等传统领域，这些是人类智慧与文明的结晶，是民族精神的体现，也是社会进步的标志。狭义文化以其深厚的底蕴和独特的魅力，滋养着人们的心灵，塑造着民族的性格。随着时代的变迁和科技的发展，文化的内涵与外延也在不断拓展。文化不限于传统领域，还渗透到社会的方方面面，形成广义文化的认知范畴。网络文化、流行文化、企业文化、城市文化等新兴文化形态如雨后春笋般涌现，以更加多元、开放、包容的姿态，展现着文化的无限可能。广义文化不仅包含狭义文化的所有元素，还融入现代科技、经济发展、社会变迁等多方面的因素，成为一种跨领域、跨时空的文化现象。它以独特的魅力和影响力，改变着人们的生活方式、思维方式和价值观念。需要以开放的心态和包容的胸怀，去认识、理解和接纳各种文化形态，让文化在多元交融中绽放出更加绚丽的光彩，为社会的进步和发展提供强大的精神动力。

一、狭义文化认知的范畴与体现

文化，作为一个复杂且多维度的概念，其内涵与外延在不同学科和语境下有着不同的诠释。广义文化涵盖人类社会历史实践过程中创造的物质财富和精神财富的总和，包括物质文化、制度文化、精神文化等多个方面。而狭义文化则专注于精神层面的探讨，主要指的是人们的精神生产能力和精神产品。

狭义文化，指某一社会集体（民族或阶层）在长期历史发展过程中经过传承积累而自然凝聚的共有的人文精神及其物质体现总体体系。狭义文化不但以人为中心，而且以人的精神活动为中心，既是观察物质世界，也是以其中的人文精神为内核。狭义文化的重点不仅是全人类的普遍共性，而且更加注重不同民族、阶层、集团人文精神的特点。①从更具体的角度来看，狭义文化主要关注于人类的精神世界和智力成果，包括哲学思想、文学艺术、道德规范、法律制度等。

哲学思想是人类对宇宙、人生、价值等根本问题的思考和探索，它为人们提供了认识世界和改造世界的理论武器。不同民族、阶层和集团在历史发展过程中，会形成各自独特的哲学思想体系。例如，儒家的仁爱、礼制思想，道家的无为而治、道法自然思想，以及西方的柏拉图理念论、亚里士多德的形式质料说等，都是狭义文化在哲学思想层面的重要体现。这些哲学思想不仅丰富了人类的精神世界，还对社会的发展产生了深远的影响。

文学艺术是人们通过艺术手段表现生活、抒发情感、传达思想的重要方式，丰富了人们的精神世界，提升了人们的审美水平。文学艺术是狭义文化中颇具表现力和感染力的部分，包括文学、绘画、音乐、舞蹈、戏剧、电影等多种形式。不同民族和地区的文学艺术有独特的风格和特点，如中国的水墨画、唐诗宋词，西方的油画、古典音乐等，都是狭义文化在文学艺术方面的重要体现。文学艺术不仅反映了人类的精神追求和审美情趣，还对社会文化的发展和传承起着重要的推动作用。

道德规范是社会对人们行为的一种约束和规范，体现了人们对

①　张秋芝：《中国文化概论》，中国广播电视出版社2014年版，第2页。

善恶、美丑、是非等价值观念的判断。道德规范是狭义文化在社会规范方面的重要体现，对于维护社会秩序和稳定、促进社会和谐与发展起着重要的作用。不同的民族和地区会形成各自独特的道德规范体系，如中国的儒家伦理道德等。这些道德规范不仅影响着人们的行为方式，还对社会文化的传承和发展起着重要的引导作用。

法律制度是社会为了维护秩序和稳定而制定的一系列规则和程序，体现了人类对法治精神的追求和尊重。法律制度是狭义文化在政治规范层面的重要体现，对于保障社会正义和公平、促进社会和谐与发展起着重要的保障作用。不同的民族和地区会形成各自独特的法律制度体系，如中国的社会主义法律制度、西方的资本主义法律制度等。这些法律制度不仅规范着人们的行为举止，还对社会文化的传承和发展起着重要的支撑作用。

狭义文化在人们的日常生活中无处不在。人们通过阅读书籍、欣赏艺术作品、遵循道德规范等方式，不断接触和体验着狭义文化。例如，在阅读文学作品时，人们可以领略到不同民族和地区的文化特色和审美情趣；这些体验不仅丰富人们的精神世界，还塑造人们的性格和行为方式。狭义文化在社会文化领域也发挥着重要的作用。社会文化是社会成员共同创造和传承的文化成果，体现社会的精神风貌和文明程度。狭义文化作为社会精神文明的重要组成部分，对于加强社会的凝聚力和向心力、增强民族自豪感和认同感起着重要的作用。随着经济的发展，经济发展中的文化因素日益凸显。狭义文化作为人类精神文明的重要组成部分，在促进经济的创新发展、提升产品的文化附加值、增强企业的核心竞争力等方面都起着重要的作用。

狭义文化作为人类精神文明的重要组成部分，不仅在理论上具有深远的意义，在实践中也发挥着重要作用。狭义文化的认知范畴具体而深刻，体现在不同领域和层面，展现了狭义文化对人类社会的深远影响。未来的发展更要重视狭义文化的传承和发展，让它在推动社会进步和个体成长中发挥更加积极的作用。同时，应该积极借鉴和吸收其他文化的优秀成果，不断丰富和发展狭义文化的内涵和外延，为人类文明的进步贡献更多的智慧和力量。

二、广义文化认知的范畴与体现

根据《辞海》，广义文化是指人类在社会实践过程中获得的物质、精神的生产能力和创造的物质、精神财富的总和。这一概念强调文化的多元性和包容性，既包括有形的物质财富，如建筑、艺术品、工具等，也包含无形的精神财富，如文学、艺术、教育、科学、道德、法律、信仰、风俗习惯等。广义文化的内涵丰富而复杂，涵盖了人类在社会实践过程中所获得的全部物质和精神成果，是人类社会进步的重要标志，是人类文明的重要组成部分。

物质文化是广义文化的重要组成部分，是人类在社会实践中创造的物质财富的总和。物质文化包括人类在社会实践中所使用的各种工具和器物，以及人类在生产过程中创造的各种技术和工艺。物质文化不仅反映了人类的生产能力和技术水平，还体现了人们的审美观念和生活方式。例如，中国的古建筑以木构架结构为主，注重对称和谐，体现了中国古代建筑艺术的独特魅力；而西方的古典建筑则多以石材为主，强调雄伟壮观，展现了西方建筑艺术的风格特点。

精神文化主要体现在思想观念、价值取向、道德规范、宗教信仰和审美情趣等方面。例如，文学作品通过描绘人物、事件和情节，传达作者的思想情感和审美观念；艺术作品则通过形象、色彩和线条等表现手法，展现艺术家的审美追求和创作才华。此外，教育、科学、道德、法律等领域也是精神文化在实际生活中的重要体现，对人们的行为方式、社会关系和道德判断产生着深远的影响。

制度文化主要体现在政治制度、经济制度、法律制度、教育制度等方面。例如，政治制度规定国家的政治体制和运行机制，确保国家的政治稳定和民主法治；经济制度则规定国家的经济体制和经济发展战略，推动国家的经济发展和社会进步；法律制度则通过规范人们的行为，维护社会的公平正义和法治秩序；教育制度则通过传授知识和技能，培养人们的文化素养和创新能力。

行为文化主要体现在社交行为、交往方式和生活方式等方面。例如，不同地域和民族的人在社交场合的礼仪和习俗不同，有的注重握手礼，有的则注重鞠躬礼等。此外，生活方式也各不相同，有的喜欢热闹喧嚣的城市生活，有的则偏爱宁静安逸的乡村生活。这些行为文化的差异不仅体现了人们的个性和喜好，还反映了不同地域和民族的文化传统和历史背景。

网络文化在生活中的体现日益显著，已经成为人们日常生活中不可或缺的一部分。通过虚拟的网络空间，网络文化为人们提供全新的娱乐方式、社交体验和知识获取途径。例如，网络游戏通过虚拟的游戏世界，为人们提供了全新的娱乐方式和社交体验；网络文学则通过网络平台进行创作和传播，吸引大量读者的关注和参与；网络社交则打破传统社交的时空限制，使得人们可以随时随地与他人进行交流和互动。此外，网络文化还通过影响人们的思维方式、价值观念和社会结构等，对人类社会产生深远的影响。

在全球化日益加深的今天，广义文化的交流与融合成为一种趋势。不同文化之间的碰撞与交融，不仅丰富了人类的文化宝库，也为解决全球性问题提供了更多的思路和方案。通过对广义文化的认知和研究，可以更好地理解和尊重不同文化的差异和多样性，增进人类之间的相互理解和合作。这不仅有助于推动文化的创新和发展，还有助于构建人类命运共同体。

从狭义文化到广义文化的拓展是文化强国建设过程中出现的一个重要趋势。广义文化提供了更广阔的视野和更深入的思考空间，有助于全面理解人类社会的本质和发展规律。今天，需要从广义文化的视角出发，尊重和理解不同文化的差异性和多样性，推动文化交流与融合，促进人类文明的共同进步。同时，需要关注文化创新和发展的问题，挖掘和利用不同文化资源的优势和特色，为人类社会的进步提供强大的精神动力和支持。

第五节　从文化发展形态提升到人类文明新形态

文化的演进成为社会进步的标志。我国已明确提出 2035 年建成文化强国的目标，并为此制定了详细的时间表和路线图。这一目标的提出，不仅体现了对文化发展的高度重视，也彰显了对文化自信的坚定执着。我们知道，文化强国不仅要有繁荣的文化产业、丰富的文化产品，更要有深厚的文化底蕴、强大的文化软实力。然而，文化的繁荣与发展并不局限于某一国家或民族之内，它更是人类文明进步的重要标志。因此，在追求文化发展形态的不断演进时，更要将目光投向广阔的人类文明视野。从文化发展形态提升到人类文明新形态，意味着要在尊重文化多样性的基础上，推动不同文化之间的交流互鉴，共同构建人类命运共同体。

一、文化发展形态的演进

文化是一个国家、一个民族的灵魂。文以载道，文以化人。中华民族有百万年的人类史、五千多年的文明史，在长期的文化传承发展、文明赓续进步中确立和巩固中华民族的精神之基、价值之本、力量之源。"文化关乎国本、国运。"[①] 没有高度的文化自信，没有

[①]　习近平：《在文化传承发展座谈会上的讲话》，《求是》2023 年第 17 期。

文化的繁荣兴盛，就没有中华民族的伟大复兴。习近平总书记强调，文化是一个国家、一个民族的灵魂，文化兴国运兴，文化强民族强。这一论述深刻揭示了文化与文明在国家发展、民族振兴中的重要地位和作用。

中华文明具有突出的连续性，从根本上决定了中华民族必然走自己的路。这种连续性使得中华民族能够不断汲取历史智慧，为现代化建设提供深厚的文化根基。中华文明具有突出的创新性，从根本上决定了中华民族守正不守旧、尊古不复古的进取精神。这种创新性使得中华民族能够不断适应时代变化，推动文化创新和社会进步。中华文明具有突出的统一性，从根本上决定了中华民族文化融为一体，即使遭遇重大挫折也牢固凝聚。这种统一性使得中华民族能够形成强大的凝聚力，共同抵御外侮，推动国家发展。中华文明具有突出的包容性，从根本上决定了中华民族交往交流交融的历史取向。这种包容性使得中华民族能够吸收外来文化的优秀成果，不断丰富和发展自己的文化。中华文明具有突出的和平性，从根本上决定了中国始终是世界和平的建设者、全球发展的贡献者、国际秩序的维护者。这种和平性使得中华民族能够秉持和平、发展、合作、共赢的外交政策，为构建人类命运共同体贡献力量。

文化是一个广泛而复杂的概念，内涵随着时代和学科的发展而不断丰富和深化。文明是人类社会的进步状态和理性社会体系，是人类文化发展到一定阶段的产物。广义上，文明指文化发展积极成果的总和，是良好的生活方式和精神风尚，表明物质文明、精神文明和政治文明达到较高的水平。狭义上，文明则指与野蛮相对的理性的社会体系，是人类整体守护着的广义文明的一部分。文化以多种形式表现出来，如语言文字、文学艺术、哲学思想、科学技术、节日习俗等。文化具有地域性、民族性、时代性等特点，不同地域、不同民族、不同时代的文化各具特色。文明则更多地体现在社会制度、经济结构、政治体制、价值观念等方面。文明的发展是人类社会整体进步的结果，它超越了地域、民族和时代的限制，具有普遍性和共同性。

文明作为一个深植于历史土壤的概念，自诞生之日起，便跨越了地域与文化的界限，在东西方社会的演进中扮演着举足轻重的角色。18世纪中叶，"文明"这一术语首次在法国出现。这不仅标志着人类社会发展认知的新高度，也预示着西方学术界即将迎来一场历史阐释的深刻变革。随着时间的推移，"文明"逐渐成为理解人类历史进程、比较不同社会形态差异的重要概念，其内涵与外延不断丰富拓展。在中国，近代以来的知识分子群体，面对内忧外患的国家境遇，积极吸纳并重新诠释了"文明"的内涵，试图在传统与现代、本土与外来之间寻找一条适合中国发展的道路。他们通过翻译、著述等方式，将"文明"的概念与中国实际相结合，开启了探索民族复兴与文明进步的进程。

然而，18世纪中叶以后，随着西方列强对外部世界的探索与扩张，"文明"一词逐渐被赋予了等级性和优越性的含义，成为西方世界证明自身先进、合理化对"他者"统治的工具。布鲁斯·马兹利什（Bruce Mazlish）的洞察深刻揭示了这一点，他指出文明作为一种"殖民意识形态"，其背后隐藏着复杂的权力关系与不平等结构。这种以"文明"为名的偏见与歧视，在 18 世纪末至 20 世纪初的西方探险与考古活动中表现得尤为明显，欧洲知识精英在惊叹于新发现的古老文明并将其称为"文明的复数"之余，也不忘以其自身的"先进文明"标尺去衡量、评判，甚至贬低这些非西方的文明成就，为后续的殖民掠夺行为披上了"文明化使命"的外衣。

当"文明"的概念跨越重洋传入中国这片古老的土地时，同样经历了一番本土化的转化与创新。容闳等先行者怀揣着对国家的深切忧虑与对未来的美好憧憬，提出了建设"新文明"的构想，试图通过学习西方，实现中国的现代化转型。早期中国知识分子的"新文明"观，虽然多以"西方中心"为逻辑起点，但也为后来的思想觉醒与文化革新埋下了伏笔。特别是第一次世界大战后，面对西方文明的危机与反思，中国知识分子开始重新审视"新文明"的内涵，提出"新文化"的主张，强调文化的多元性与民族性。陈独秀呼吁关注"中国特有的文明"，李大钊则展望"中华未来之文明"，他们的思想探索为中国文明的自我更新与未来发展指出了方向。中国共产党成立后，将马克思主义基本原理同中国具体实际相结合，开启了马克思主义中国化的伟大进程。毛泽东提出的"民族的、科学的、大众的"社会主义文明观，不仅是对中国传统文化的继承与发展，也是对西方文明模式的超越与创新，为中国的文明建设奠定了坚实的理论基础和实践方向。①

文化与文明是相互依存、相互促进的关系。文化是文明的基础和载体，文明是文化发展的高级阶段和成果。文化的繁荣和发展推动了文明的进步，文明的进步又为文化的繁荣和发展提供了条件和保障。

在原始社会，人类的生产力水平极为低下，主要以采集和狩猎为生。这一时期的文化形态主要表现为图腾崇拜、神话传说、原始艺术等，反映了人类对自然和社会的初步认识和理解，是原始文明的萌芽阶段。随着生产力的提高，人类进入奴隶社会。这一时期的文化形态主要表现为奴隶主阶级的文化统治和奴隶阶级的文化反抗。奴隶主阶级通过制定法律、建立宗教、发展艺术等手段来巩固自己的统治地位，而奴隶阶级则通过民间歌谣、传说等形式来表达自己的不满和反抗。奴隶社会的文化形态体现了阶级对立和压迫的特点。封建社会是人类历史上一个漫长的时期，其文化形态具有鲜明的等级性和宗教性。封建社会的文化形态主要表现为封建礼教、儒家思想、宗教信仰等，反映了封建统治阶级的意志和利益，同时体现了广大人民群众的文化需要和创造精神。封建社会的文化形态在推动社会进步和文明发展方面发挥了重要作用，但也存在着严重的局限性和弊端。

---

① 孟建：《媒介发展与现代文明：传播学研究的重要领域》，《视听理论与实践》2025年第1期。

　　随着生产力的进一步发展和资本主义生产方式的兴起，人类社会进入资本主义社会。这一时期的文化形态主要表现为资产阶级的文化统治和无产阶级的文化反抗。资产阶级通过发展科学、艺术、文学等手段来推动社会进步和文明发展，同时也通过意识形态的灌输来维护自己的统治地位。无产阶级则通过工人运动、社会主义思潮等形式来表达自己的政治诉求和文化需求。资本主义社会的文化形态体现了阶级斗争和社会变革的特点。

　　社会主义文化形态是人类历史上一种新的文化形态，代表了人类文化发展的未来方向。社会主义文化形态以马克思主义为指导思想、以人民群众为主体、以社会主义核心价值观为灵魂，强调文化的普及性、人民性和创新性，致力于推动社会全面进步和人的全面发展。在习近平文化思想的指引下，社会主义文化形态的建设和发展取得显著成效，为推动社会主义现代化建设和实现中华民族伟大复兴的中国梦提供了强大的精神力量。

　　文化发展形态的历史继承性是一个不可忽视的核心特征。每一种文化形态都是在继承前人文化成果的基础上，经过时间的沉淀与智慧的累积，逐渐发展并成熟起来的。这些文化形态之间，如同一条条交织的纽带，存在着千丝万缕的联系和相互影响，共同构成一个庞大而复杂的文化谱系，让后世得以窥见历史长河中文化的流转与变迁。

　　文化发展形态的演进又深受社会历史条件的制约。不同的社会制度、经济结构、政治环境以及科技水平等，如同一双双无形的手，塑造着文化的面貌和发展轨迹。在特定的社会历史条件下，文化会呈现出独特的色彩和风貌，反映出那个时代的精神特质和价值追求。要深入理解一种文化形态，就必须将其置于其产生的社会历史背景中进行考察。

文化发展形态的演进还展现出极为丰富的多样性。地域的辽阔、民族的众多以及时代的更迭，都为文化的繁荣与发展提供了广阔的舞台。不同的地域孕育了各具特色的地域文化，如中原文化的厚重、江南文化的柔美、西域文化的神秘等；不同的民族创造了丰富多彩的民族文化，各自独立又相互交融，共同构成人类文化的多元格局；而时代的变迁更是让文化在继承中不断创新，形成各具时代特色的文化形态和发展模式。

更为重要的是，文化发展形态的演进是一个不断创新的过程。创新是文化的生命力所在，也是推动文化繁荣和发展的不竭动力。只有敢于突破传统束缚，勇于尝试新的文化表达方式和传播手段，才能让文化在激烈的竞争中保持活力，不断焕发出新的光彩。无论是艺术家、文化工作者还是普通民众，都应该积极参与文化的创新，用自己的智慧和创造力为文化的繁荣与发展贡献一份力量。

在新的起点上继续推动文化繁荣、建设文化强国，是我们在新时代新的文化使命。①

---

① 习近平：《在文化传承发展座谈会上的讲话》，《求是》2023 年第 17 期。

二、2035 年建成文化强国的时间表、路线图

文化是一个国家综合国力的重要体现，也是民族凝聚力和创造力的重要源泉。随着全球化的深入发展和信息技术的迅猛进步，文化在国际竞争中的地位和作用日益凸显。中国作为拥有悠久历史和灿烂文化的文明古国，在新时代背景下，提出了建设文化强国的战略目标。党的十九届五中全会提出到 2035 年建成文化强国，这是自十七届六中全会提出建设社会主义文化强国以来，首次明确建成文化强国的具体时间表，为文化强国建设提供了清晰的路线图。

在全球化背景下，文化软实力已成为国家综合国力的重要组成部分。各国纷纷加强文化建设和国际文化交流，以提升本国文化的国际影响力和竞争力。对于中国而言，建设文化强国不仅是增强国家文化软实力的需要，也是提升国际地位和影响力的必然要求。改革开放以来，中国经济持续快速发展，综合国力显著增强。在经济快速发展的同时，文化建设相对滞后，与经济发展不相适应。加强文化建设、提升国家文化软实力，成为新时代中国发展的重要任务。此外，随着人民生活水平的提高，人民群众对精神文化生活的需要日益增长，这对文化建设提出了更高的要求。

近期目标（至 2025 年），即在"十四五"期间，文化强国建设将取得显著进展。具体而言，"社会文明程度得到新提高。社会主义核心价值观深入人心，人民思想道德素质、科学文化素质和身心健康素质明显提高，公共文化服务体系和文化产业体系更加健全，人

民精神文化生活日益丰富，中华文化影响力进一步提升，中华民族凝聚力进一步增强"①。

终期目标（至 2035 年），到 2035 年，即再经过十年的努力与拼搏，将中国建成文化强国。届时，国民素质和社会文明程度达到新高度，国家文化软实力显著增强。文化事业和文化产业繁荣发展，形成一批具有国际竞争力的文化企业和文化品牌。中华文化的国际影响力进一步提升，成为世界文化强国。

提高社会文明程度。推动理想信念教育常态化制度化：加强理想信念教育，引导人们树立正确的世界观、人生观和价值观，形成积极向上的社会风尚。同时，将理想信念教育融入国民教育和精神文明建设全过程，实现常态化、制度化。加强思想道德建设和精神文明建设：通过开展形式多样的思想道德教育和精神文明创建活动，提高人们的道德素质和社会责任感。弘扬中华民族传统美德，培育新时代公民道德风尚。加强网络文明建设：随着互联网的普及和发展，网络成为文化传播的重要阵地。要加强网络文明建设，营造健康向上的网络文化环境，引导网民文明上网、理性表达。提升公共文化服务水平。全面繁荣新闻出版、广播影视、文学艺术、哲学社会科学事业：加大对新闻出版、广播影视、文学艺术、哲学社会科学等领域的支持力度，推动其繁荣发展。鼓励创作更多优秀文化作品，满足人民群众多样化的精神文化需求。推进城乡公共文化服务

---

① 《十九大以来重要文献选编》中，中央文献出版社 2021 年版，第 792 页。

体系一体建设：加强城乡公共文化设施建设和资源共享，推动公共文化服务向基层延伸。实施文化惠民工程，让更多人享受到文化发展的成果。创新公共文化服务方式：利用现代信息技术手段，创新公共文化服务方式，提高服务效率和质量。如建设数字图书馆、博物馆等，方便人们随时随地获取文化资源。

健全现代文化产业体系。实施文化产业数字化战略：顺应数字化发展趋势，推动文化产业与数字技术深度融合。发展数字文化产业，如网络游戏、数字影视等，提高文化产业的创新能力和竞争力。培育壮大文化市场主体：加大对文化企业的扶持力度，培育一批具有国际竞争力的文化企业和文化品牌。推动文化企业跨地区、跨行业、跨所有制兼并重组，形成规模化、集约化、专业化的文化产业发展格局。推动文化和旅游融合发展：充分挖掘和利用旅游资源中的文化内涵，推动文化和旅游融合发展。打造一批富有文化底蕴的世界级旅游景区和度假区，提升旅游产品的文化附加值。加强国际文化交流与合作：积极开展国际文化交流与合作，推动中华文化走向世界。举办国际文化节、艺术展览等活动，展示中华文化的魅力，增强中华文化的国际影响力。

建设文化强国是中国在新时代的重要战略任务。通过明确时间表、路线图和实施路径等措施，中国将加快文化强国建设步伐并取得显著成效。未来，随着全球化深入发展和信息技术的不断进步，文化强国建设将面临新的机遇和挑战。要继续加强文化建设工作，推动中华文化的国际传播和交流，提升中华文化的国际影响力和竞争力。同时，要加强文化创新，培育新型文化业态和文化消费模式，满足人民群众日益多样化的精神文化需要。此外，还要加强文化人才培养和引进工作，为文化强国建设提供有力的人才保障。

三、从文化发展形态提升到人类文明新形态

人类文明新形态是习近平总书记在庆祝中国共产党成立100周年大会上首次提出的重要概念，并在党的二十大报告中得到进一步阐释。这一概念不仅是对新时代中国特色社会主义伟大成就的深刻总结，也是对人类文明发展规律的深刻把握。人类文明新形态是新时代中国特色社会主义发展的重要成果，具有丰富的内涵和鲜明的特征，不仅为中华民族伟大复兴奠定坚实的文明基础，也为全球文明进步提供新的模式和经验。人类文明新形态是重要的理论创新，与中国式现代化等重要理念深刻联系，形成完整的系统。

人类文明新形态有如下内涵与特征。首先，人类文明新形态内部包含物质文明、政治文明、精神文明、社会文明、生态文明，此"五个文明"并非相互割裂、相互独立，而是马克思主义唯物辩证法中你中有我、我中有你，相互依存、相互联系、相互制约、对立统一的矛盾关系。其次，和谐、富裕、公正、民主、自由是人类文明新形态的基本价值理念。此外，致力于实现全体人民共享、人与自然共享、不同文明共享、不同国家共享的"共享性"是人类文明新形态的鲜明特征。其中，"共同富裕"又是人类文明新形态基本价值之核心、社会主义的本质体现，以及中国式现代化道路的重要特征。

还需明确的是，人类文明新形态具有鲜明的人文关怀和现实的价值追求，"以人为本"同样是其基本价值取向。此外，文明形态是"文明发展程度和文明成熟水平的标志"，人类文明新形态具有鲜明的超越性与创新性。这样的超越性是全面的、完整的，不是对自身传统文明形态的局部修补和改良，更不是对任何其他文明形态的简单模仿。换言之，人类文明新形态既是对中华优秀传统文化与革命文化的吸纳与创新，也是对"传统社会主义文明和西方现代文明"的借鉴与超越。[①]

在物质文明方面，人类文明新形态强调坚持解放生产力和发展生产力相统一。这既是对马克思主义生产力理论的具体实践，也是中国特色社会主义经济发展的必然要求。在新时代背景下，中国通过创新驱动发展战略，推动经济高质量发展，在实现经济快速增长的同时，注重发展的协调性和可持续性。例如，中国在新能源、人工智能、生物科技等领域取得显著成就，为全球经济发展注入了新的动力。同时，人类文明新形态还强调共同富裕的价值追求，致力于实现全体人民的共同富裕，体现了社会主义的本质要求，也是对人类文明发展道路的创新探索。

在政治文明方面，人类文明新形态坚持中国共产党的领导、人民当家作主、依法治国有机统一。这一政治体制既保证了国家的稳

---

① 孟建、卢秋竹：《试论人类文明新形态理念的传播价值与传播策略》，《视听理论与实践》2023 年第 4 期。

定和发展，又充分保障了人民的民主权利。中国共产党"把为中国人民谋幸福、为中华民族谋复兴确立为自己的初心使命"①，通过不断完善人民当家作主的制度体系，健全全面、广泛、有机衔接的人民当家作主制度体系，构建多样、畅通、有序的民主渠道，丰富民主形式，从各层次各领域扩大人民有序政治参与，使各方面制度和国家治理更好体现人民意志、保障人民权益、激发人民创造。这为人类政治文明的发展提供了新的模式和经验。

在精神文明方面，人类文明新形态坚持以马克思主义为指导，传统文明与现代文明相统一、民族精神与时代精神相结合、中华文明与外来优秀文明成果相融通。中华优秀传统文化是中华民族的突出优势，是人类文明新形态的重要文化根基。通过对中华优秀传统文化的创造性转化和创新性发展，人类文明新形态不仅继承中华文化的精髓，而且赋予其新的时代内涵。同时，人类文明新形态还注重吸收借鉴外来优秀文明成果，推动不同文明之间的交流与互鉴，促进人类文明的多样性和包容性发展。②

在社会文明方面，人类文明新形态以保障和改善民生为导向，不断推进国家治理体系和治理能力现代化。通过完善社会治理体系，健全党领导下的自治、法治、德治相结合的城乡基层治理体系，推

① 《习近平谈治国理政》第4卷，外文出版社2022年版，第4页。
② 参见中华人民共和国文化和旅游部发布的《"十四五"文化和旅游发展规划》中关于文化传承与创新的部分（虽未直接提及人类文明新形态，但为精神文明建设提供了政策导向）。

动社会治理重心向基层下移，建设共建共治共享的社会治理制度，建设人人有责、人人尽责、人人享有的社会治理共同体。这既体现了社会主义的本质要求，也是对人类社会治理模式的创新探索。

在生态文明方面，人类文明新形态强调人与自然和谐共生。通过树立和践行绿水青山就是金山银山的理念，坚持节约资源和保护环境的基本国策，像对待生命一样对待生态环境，统筹山水林田湖草沙系统治理，实行最严格的生态环境保护制度，形成绿色发展方式和生活方式，坚定走生产发展、生活富裕、生态良好的文明发展道路，建设美丽中国。这为人类生态文明的发展提供了新的思路和路径。

人类文明新形态"五个文明"的构建，具有整体性。从主要内容来看，包括物质文明、政治文明、精神文明、社会文明、生态文明等方面，是凸显全面均衡、宏观谋划、整体发展的新文明形态。这种整体性特征不仅体现在各领域之间的协调发展上，也体现在各领域内部各要素之间的有机联系上。人类文明新形态是在坚持和发展中国特色社会主义的过程中形成的，具有创新性。它既不是对西方文明模式的简单模仿，也不是对传统社会主义模式的机械照搬，而是在传承和发展中华优秀传统文化的基础上，结合中国具体实际进行的创新性探索。人类文明新形态始终坚持以人民为中心的发展思想，具有人民性。无论是物质文明、政治文明、精神文明、社会文明还是生态文明的发展，都始终把人民放在心中最高位置，把人民对美好生活的向往作为奋斗目标。人类文明新形态注重吸收借鉴外来优秀文明成果，推动不同文明之间的交流与互鉴，具有开放性。通过积极参与全球治理体系改革和建设，推动构建人类命运共同体，倡导共商共建共享的全球治理观，为全球治理体系的完善和发展贡献中国智慧和中国方案。

人类文明新形态的成功创造，为中华民族伟大复兴奠定坚实的文明基础。它不仅为中华民族的伟大复兴提供更为完善的制度保证、更为坚实的物质基础、更为主动的精神力量，而且为中华民族伟大复兴注入新的动力。人类文明新形态的成功创造，为全球文明进步提供新的模式和经验。它超越西方中心主义文明观及其对人类文明思维方式的局限，为实现对西方现代化模式的超越提供了开拓性贡献。

人类文明新形态的成功创造，丰富和发展了马克思主义文明观。它把马克思主义基本原理同中国具体实际相结合、同中华优秀传统文化相结合，在实践中探索形成具有中国特色的社会主义文明形态。人类文明新形态的创造，既是整个中华民族历史和中国现代奋斗史的历史延伸，也是当下中国发展所呈现的形态和昭示的前景，凸显了中国的文明形态对全球的贡献。中华文化历经五千多年的岁月沧桑，不断传承发展，日新月异。中国不断向世界开放，为人类创造新的文明形态。

第二章 文化强国的理论体系

　　在探索文化强国的宏伟蓝图中，构建一套系统而完整的理论体系至关重要。这一理论体系不仅关乎文化的内在精髓，更关乎文化如何在外在世界中展现其独特魅力、如何推动国家软实力的提升，以及如何在全球化的浪潮中屹立不倒。新时代社会主义文化强国理论体系具有一个全面而系统的框架，由七个紧密相连、相互支撑的方面构成，本章的论述也将围绕这七个方面展开。第一，社会主义核心价值观作为这一理论体系的灵魂和基石，引领着文化建设的方向，为全社会提供共同的价值追求和行为准则。第二，社会主义文化事业与产业"双轮驱动"是这一理论体系的重要动力机制。第三，人民至上的文艺创作原则是这一理论体系的创作导向。第四，构建人类文明新形态是这一理论体系的宏大愿景。第五，铸牢中华民族共同体意识是这一理论体系的文化根基。第六，保护与传承中华民族文化遗产是这一理论体系的历史使命。第七，加强中华文化的国际传播，推动不同文明之间的交流互鉴是这一理论体系的国际视野。

具体而言，核心价值，是文化强国凝心聚气之源。社会主义核心价值观，作为新时代中国文化的精神旗帜，其主要思想深深植根于中华民族的传统美德和现代社会的发展需求之中。它不仅是文化精神的集中展现，更是文化传承与发展的灵魂与基石。社会主义核心价值观的倡导与践行，不仅能够凝聚全社会的共识，形成强大的精神力量，还能够为文化的创新与发展提供源源不断的动力。在多元化的社会背景下，坚持社会主义核心价值观的引领，确保文化在传承与创新的过程中不失其本、不迷其向。

事业产业，是文化强国的"双轮驱动"之力。发展公益性社会主义文化事业，是满足人民群众基本文化需求、保障人民文化权益的重要途径。通过加大公共文化设施建设、丰富公共文化产品供给、提升公共文化服务水平，可以让更多的人民群众享受到文化的滋养与熏陶。发展经营性社会主义文化产业，则是推动文化市场繁荣、增强文化国际竞争力的关键所在。通过培育文化市场主体、完善文化产业体系、拓展文化消费市场，可以促进文化产业的快速发展，为文化强国建设提供有力的经济支撑。公益性文化事业与经营性文化产业"双轮驱动"，以保障人民的基本文化权益，推动文化产业繁荣发展，共同推动文化软实力的提升。

人民情怀，是文化强国的美好向往之基。人民至上的文艺创作原则，是文化强国建设的根本出发点和落脚点。文艺创作要深入生活、扎根人民，用真挚的情感、生动的笔触反映人民生活的真实面貌。无论是描绘人民的喜怒哀乐，还是展现人民的奋斗与追求，都要以人民为中心，以人民为创作导向。同时，文艺创作还要满足人们对美好生活的向往。通过创作更多反映人民心声、展现人民风貌的优秀作品，激发人民对美好生活的热爱与追求，增强人民的幸福感与获得感。

文化提升，是文化强国的文明引领之魂。文化的进步与文明的演进是相辅相成的。随着文化的不断发展与繁荣，人类文明也在不断地演进与提升。中国式现代化作为人类文明新形态的重要开创者，不仅为中国的文化强国建设提供有力支撑，也为全人类的文明进步贡献中国智慧与中国方案。通过构建人类文明新形态，实现全人类的共同价值，推动不同文明之间的交流互鉴与融合发展。这不仅增强中华文化的国际影响力与感召力，还为构建人类命运共同体提供有力的文化支撑。

文化认同，是文化强国的多元一体之根。增强各民族对中华民族的认同感与归属感，是文化强国建设的重要任务之一。通过加强民族文化交流、促进民族文化融合、推动民族文化创新，构筑中华民族共有精神家园。在这个精神家园里，各民族相互了解、相互尊重、相互包容、相互欣赏，共同维护中华民族多元一体的格局。这种多元一体的文化格局，不仅增强中华民族的凝聚力与向心力，还为文化强国建设提供有力的文化支撑与民族基础。

遗产保护，是文化强国的赓续文脉之责。保护中华民族文化遗产，对于传承中华民族优秀文化、弘扬中华民族精神具有重要意义。中华民族文化遗产是中华民族在历史长河中留下的宝贵财富，是中华民族的文化基因与精神标识。加强文化遗产保护、传承与发扬中华民族文化基因，不仅是对历史的尊重与铭记，更是对未来的责任与担当。赓续中华民族文化基因，更好地传承中华民族优秀文化、弘扬中华民族精神，为实现中华民族伟大复兴提供有力的文化支撑与精神动力。

传通世界，是文化强国的交流互鉴之道。加强中华文化的国际传播，是提升中华文化国际影响力与感召力的重要途径。通过拓展国际文化传播渠道、创新国际文化传播方式、提升国际文化传播效能，让更多人了解中华文化、喜爱中华文化、传播中华文化。同时，推动不同文明之间的交流互鉴与融合发展。在尊重文化多样性的基础上，加强与其他文明的对话与交流，汲取其他文明的优长与精华，为中华文化的发展注入新的活力与动力。这不仅增强中华文化的国际竞争力与影响力，还为构建人类命运共同体提供有力的文化支撑与文明基础。

总之，文化强国的理论体系是一个系统而完整的体系，涵盖核心价值、事业产业、人民情怀、文化提升、文化认同、遗产保护、传通世界等方面。这些方面相互关联、相互促进，共同构成文化强国建设的理论支撑与实践指南。在未来的发展中，应坚持这一理论体系的引领与指导，推动文化强国建设的不断深入与拓展。

第一节　核心价值，凝心聚气

核心价值观，作为文化最为深层的内核，其意义远超一般观念，它深深植根于文化的土壤之中，是文化根本理念与价值追求的精炼表达。这种核心价值观念，不仅仅是抽象思想的集合，更是文化精神的集中展现，如同一盏明灯，照亮文化前行的道路，指引着人们在纷繁复杂的世界中寻找到属于自己的精神家园。

核心价值观的塑造力量，体现在它对个体思维方式的深刻影响上。在日复一日的生活实践中，核心价值观潜移默化地渗透进人们的头脑，成为人们思考问题、判断是非的基本框架。它教会我们如何以更加理性、更加包容的态度去面对生活中的种种挑战，促使我们在决策时不仅考虑个人利益，更能兼顾社会整体福祉。这种思维方式的转变，是个人成长与社会进步的重要基石。

同时，核心价值观还规范着人们的行为准则。在社会交往中，核心价值观如同一套无形的行为规范，它告诉我们何为善、何为恶，鼓励我们积极向上、诚实守信、尊重他人。这些准则不仅促进人际关系的和谐，也维护社会的稳定与秩序。当一个人的行为与核心价值观相契合，就能获得社会的认可与尊重，从而激发更多的正能量，形成良好的社会风尚。

在价值取向方面，核心价值观同样发挥着举足轻重的作用。它引导人们追求更高层次的精神满足，而非仅仅停留在物质层面的追求。一个拥有高尚价值观的社会，会更加重视教育、艺术、科学等精神文化的繁荣，鼓励创新与思考，促进文化的多样性与包容性。这样的社会，经济发达、精神富有，为人们提供更加全面、更加丰富的生活体验。

核心价值观还是文化传承与发展的灵魂和基石。在历史的长河中，正是那些历久弥新的核心价值观，使得不同文化跨越时空的界限，保持独特的魅力与生命力。它们像一根纽带，将过去、现在与未来紧紧相连，让文化在传承中不断创新，在创新中持续发展。因此，培育和践行核心价值观，对于维护文化安全、增强文化自信、促进文化繁荣具有不可估量的价值。

一、社会主义核心价值观的主要思想

社会主义核心价值观是社会主义核心价值体系的内核，体现了社会主义本质要求，继承中华优秀传统文化，也吸收世界文明有益成果，体现当今时代精神。党的十八大明确提出"三个倡导"，即倡导富强、民主、文明、和谐，倡导自由、平等、公正、法治，倡导爱国、敬业、诚信、友善，这二十四个字是社会主义核心价值观的基本内容。

社会主义核心价值观的基本内容由三个层面的价值目标构成，体现在十二个关键词当中。国家层面的四个价值目标是：富强、民主、文明、和谐；社会层面的四个价值取向是自由、平等、公正、法治；公民个人层面的价值准则是爱国、敬业、诚信、友善。

首先，就国家层面的价值目标而言，富强即国富民强，是社会主义现代化国家经济建设的应然状态，是中华民族梦寐以求的美好夙愿，也是国家繁荣昌盛、人民幸福安康的物质基础。经济基础决定上层建筑，物质层面的富足是国家的根本，也是促进民主、文明与和谐的基石。民主是人类社会的美好诉求，我们追求的民主是人民民主，其实质和核心是人民当家作主。它是社会主义的生命，也是创造人民美好幸福生活的政治保障。民主成为我们的政治目标，体现了人民意愿的充分体现。文明是社会进步的重要标志，也是社会主义现代化国家的重要特征。它是社会主义现代化国家文化建设的应有状态，是对面向现代化、面向世界、面向未来的，民族的科学的大众的社会主义文化的概括，是实现中华民族伟大复兴的重要支撑。和谐是社会主义现代化国家在社会建设领域的价值诉求，是经济社会和谐稳定、持续健康发展的重要保证。和谐是国家层面的价值目标中不可或缺的一部分，覆盖了社会的各个方面。

就社会层面的价值取向而言，自由是指人的意志自由、存在和发展的自由，是人类社会的美好向往，也是马克思主义追求的社会价值目标。在社会主义市场经济条件下，自由竞争是市场经济的基本特征之一，同时也体现了人的意志自由。平等指的是公民在法律面前一律平等，要求尊重和保障人权，人人依法享有平等参与、平等发展的权利。平等是社会公正的基础，也是实现社会和谐的重要条件。公正即社会公平和正义，以人的解放、人的自由平等权利的获得为前提，是国家、社会应然的根本价值理念。公正是社会稳定的基石，也是人民对美好生活向往的重要内容。法治是治国理政的基本方式，依法治国是社会主义民主政治的基本要求。它通过法治建设来维护和保障公民的根本利益，是实现自由平等、公平正义的制度保证。法治是社会层面的价值取向中的重要内容，体现了国家治理的现代化水平。

就公民个人层面的价值准则而言，爱国是基于个人对自己祖国依赖关系的深厚情感，也是调节个人与祖国关系的行为准则。爱国是公民最基本的道德义务之一，也是中华民族的传统美德。敬业则是要求公民忠于职守，克己奉公，承担对社会的责任。敬业是职业道德的基本要求，也是个人实现自我价值的重要途径。诚信即诚实守信，是人类社会千百年传承下来的道德传统，也是社会主义道德建设的重点内容。它强调诚实劳动、信守承诺、诚恳待人，是市场经济条件下维护市场秩序和社会稳定的基石。友善强调公民之间应互相尊重、互相关心、互相帮助，和睦友好，努力形成社会主义新型人际关系。友善是构建和谐社会的重要内容，也是提升社会文明程度的重要标志。

社会主义核心价值观的思想基础包括三个方面。第一，马克思主义指导思想的灵魂地位。即马克思主义指导思想是社会主义核心价值体系的灵魂，也是社会主义核心价值观的思想基础。马克思主义揭示了人类社会发展的基本规律，为我们提供了科学的世界观和方法论。在社会主义核心价值观中，马克思主义指导思想贯穿于各个方面，体现了社会主义的本质要求和发展方向。

第二，中国特色社会主义共同理想的主题作用。中国特色社会主义共同理想是社会主义核心价值体系的主题，也是社会主义核心价值观的重要内容。在中国共产党领导下走中国特色社会主义道路实现中华民族的伟大复兴，是现阶段中国各族人民的共同理想。这一共同理想凝聚了全国各族人民的智慧和力量，是激励人们团结奋斗的精神旗帜。

第三，民族精神和时代精神的精髓体现。以爱国主义为核心的民族精神和以改革创新为核心的时代精神是社会主义核心价值体系的精髓，也是社会主义核心价值观的重要体现。民族精神是一个民族在长期共同生活和社会实践中形成的，为本民族大多数成员所认同的价值取向、思维方式、道德规范、精神气质的总和。时代精神则是一个社会在最新的创造性实践中激发出来的，反映社会进步的发展方向、引领时代进步潮流、为社会成员普遍认同和接受的思想观念、价值取向、道德规范和行为方式，是一个社会最新的精神气质、精神风貌和社会时尚的综合体现。

社会主义核心价值观有四个方面的实践意义。首先，引领社会思潮，凝聚社会共识。社会主义核心价值观是引领社会思潮、凝聚社会共识的旗帜。在当今社会思想多元、价值多样的背景下，社会主义核心价值观为人们提供了共同的理想信念和价值追求，有助于形成全社会共同认可的价值标准和行为规范，促进社会和谐稳定。其次，推动经济社会发展，实现国家富强。社会主义核心价值观是推动经济社会发展、实现国家富强的精神动力。富强作为国家层面的价值目标之一，体现了社会主义现代化建设的根本任务。社会主义核心价值观的践行激发人们的积极性和创造力，推动经济社会发展不断迈上新台阶。再次，提升公民道德素质，促进社会文明进步。社会主义核心价值观是提升公民道德素质、促进社会文明进步的重要支撑。爱国、敬业、诚信、友善等公民个人层面的价值准则为公民提供了基本的行为规范和道德标准。通过践行这些价值准则，可以提升公民的道德素质和社会责任感，推动社会文明进步。最后，维护社会稳定和谐，促进国家长治久安。社会主义核心价值观是维护社会稳定和谐、促进国家长治久安的重要保障。自由、平等、公正、法治等社会层面的价值取向为社会的公平正义和法治建设提供重要支撑。通过践行这些价值取向，维护社会稳定和谐，促进国家长治久安。

社会主义核心价值观是当代中国精神的集中体现，凝结着全体人民共同的价值追求。它涵盖国家、社会、公民个人三个层面的价值目标和行为准则，具有深远的思想内涵和重要的实践意义。在全面建设社会主义现代化国家的新征程中，我们应该深入践行社会主义核心价值观，为实现中华民族伟大复兴的中国梦提供强大的精神动力和价值引领。

二、社会主义核心价值观是文化精神的集中展现

文化精神是一个民族或国家在长期历史发展过程中形成的具有独特气质、品格和风貌的精神内核。它涵盖民族的历史传统、价值观念、思维方式、行为规范等多个方面，是民族文化的灵魂和精髓。社会主义核心价值观作为当代中国精神的集中体现，不仅凝结着全体人民共同的价值追求，更是文化精神的深刻展现。本部分旨在探讨社会主义核心价值观与文化精神的关系，揭示其在文化精神

传承与发展中的重要作用。正如党的十九大报告指出："社会主义核心价值观是当代中国精神的集中体现，凝结着全体人民共同的价值追求。"①

党的十八大报告提出的"三个倡导"，正如前文介绍，分别从国家、社会、公民个人三个层面，高度概括了社会主义核心价值观的基本内涵。

总体而言，社会主义核心价值观与文化精神的关系可以从两个方面进行理解。一方面，社会主义核心价值观是文化精神的集中展现。社会主义核心价值观作为当代中国精神的集中体现，不仅凝结着全体人民共同的价值追求，更是文化精神的深刻展现。它涵盖国家、社会、公民个人三个层面的价值目标和行为准则，全面反映了中华民族的历史传统、时代内涵和价值取向。例如，富强、民主、文明、和谐等国家层面的价值目标，体现中华民族追求国家富强、民族振兴、人民幸福的历史传统；自由、平等、公正、法治等社会层面的价值取向，反映中华民族追求社会公正、法治进步的时代内涵；爱国、敬业、诚信、友善等公民个人层面的价值准则，体现中华民族注重道德修养、追求和谐人际关系的价值取向。

另一方面，文化精神为社会主义核心价值观提供精神支撑。文化精神作为民族的精神内核和灵魂，为社会主义核心价值观提供深

---

① 习近平：《决胜全面建成小康社会　夺取新时代中国特色社会主义伟大胜利——在中国共产党第十九次全国代表大会上的报告》，《人民日报》2017 年 10 月 28 日。

厚的精神支撑。它蕴含中华民族的历史传统、价值观念、思维方式等精神要素，为社会主义核心价值观的形成和发展提供重要的思想源泉和文化基础。例如，中华优秀传统文化中的仁爱、诚信、礼义廉耻等思想，为社会主义核心价值观中的诚信、友善等价值准则提供重要的思想支撑；而马克思主义理论中的自由、平等、公正等理念，则为社会主义核心价值观中的自由、平等、公正等价值取向提供科学的理论基础。"中华优秀传统文化是社会主义核心价值观的深厚土壤，为社会主义核心价值观提供文化基因和不竭动力。"[①]

社会主义核心价值观体现了中华民族历史传统，是对优秀传统文化的继承与发扬。社会主义核心价值观体现了对中华优秀传统文化的继承与发扬。中华优秀传统文化中蕴含着丰富的思想资源和价值理念，如儒家的仁爱、诚信、礼义廉耻等思想，道家的自然、无为、和谐等观念，以及墨家的兼爱、非攻、尚贤、节用等主张。这些思想资源为社会主义核心价值观的形成和发展提供了重要的文化支撑。例如，社会主义核心价值观中的诚信、友善等价值准则，就是对儒家诚信、仁爱等思想的现代诠释和发扬。同时，社会主义核心价值观也是对民族精神的提炼与升华。民族精神是民族文化的灵魂和精髓。社会主义核心价值观在继承中华优秀传统文化的基础上，对民族精神进行提炼和升华，形成具有时代特色的精神风貌。例如，

---

① 邱仁富：《社会主义核心价值观的传统文化根基研究》，上海大学出版社 2018 年版，第 30 页。

社会主义核心价值观中的爱国、敬业等价值准则，就是对中华民族爱国主义精神、勤劳勇敢精神的现代传承和弘扬。

社会主义核心价值观反映了时代内涵和发展要求，是对社会发展方向的引领。社会主义核心价值观反映了当代中国的发展要求。社会主义核心价值观的提出和践行，正是对这一要求的回应。例如，自由、平等、公正、法治等社会层面的价值取向，就体现了当代中国社会对公正、法治、民主等价值理念的追求和向往。这些价值取向不仅符合时代内涵和发展要求，也为推动社会进步和民族复兴提供有力保障。社会主义核心价值观还体现了对社会发展方向的引领。在信息化、网络化的时代背景下，中国社会面临着前所未有的机遇和挑战。社会主义核心价值观作为当代中国精神的集中体现，为社会发展提供正确的价值导向和行动指南。它倡导人们树立积极向上的世界观、人生观和价值观，倡导社会公德、职业道德和家庭美德等道德规范，为社会的和谐稳定提供保障。

社会主义核心价值观有助于引领社会风尚和精神文明建设，即有助于提升公民道德素质及社会和谐稳定。社会主义核心价值观倡导人们注重道德修养和人格完善，追求真善美的统一和全面发展。培育和践行社会主义核心价值观，引导人们树立正确的世界观、人生观和价值观，增强公民的道德意识和责任感。例如，通过加强社会公德、职业道德和家庭美德等道德规范的教育和宣传，引导人们自觉遵守社会规范，形成良好的社会风尚。

社会主义核心价值观有助于促进社会和谐稳定。它倡导人们树立平等、公正、法治等社会价值取向，强调人与人、人与社会、人与自然的和谐共生。培育和践行社会主义核心价值观，引导人们正确处理各种社会关系，化解社会矛盾，促进社会和谐稳定。例如，加强法治宣传和教育，提高公民的法治意识和法律素养，维护社会公平正义，促进社会和谐稳定。

就社会主义核心价值观在社会主义现代化建设中的重要意义而言，首先，社会主义核心价值观为社会主义现代化建设提供精神动力和道德支撑。它倡导人们树立积极向上的世界观、人生观和价值观，激发人们的创造力和奋斗精神。同时，它还倡导社会公德、职业道德和家庭美德等道德规范，为社会的和谐稳定提供了有力保障。这些精神动力和道德支撑不仅有助于推动经济社会的全面发展，也有助于提升国家的文化软实力和国际竞争力。其次，社会主义核心价值观促进人的全面发展和社会进步。它倡导人们注重道德修养和人格完善，追求真善美的统一和全面发展。最后，社会主义核心价值观有助于增强民族凝聚力和向心力。它倡导人们树立共同的理想信念和价值追求，增强民族自豪感和归属感。培育和践行社会主义核心价值观，引导人们正确认识和处理个人与国家、集体之间的关系，增强民族凝聚力和向心力，不仅有助于维护国家统一和民族团结，也有助于推动社会和谐稳定和繁荣发展。

社会主义核心价值观作为当代中国精神的集中体现，不仅凝结着全体人民共同的价值追求，更是文化精神的深刻展现。它通过体现中华民族历史传统、反映时代内涵、引领社会风尚等，为社会主义现代化建设提供强大的精神动力和道德支撑。应继续深入培育和践行社会主义核心价值观，推动其更好地发挥引领社会风尚、促进人的全面发展和社会进步的重要作用。

三、社会主义核心价值观是文化传承发展的灵魂与基石

核心价值观是文化最深层的内核，体现了文化的根本理念和价值追求，是文化精神的集中展现。核心价值观塑造着人们的思维方式、行为准则和价值取向，影响着社会的风尚和秩序，是文化传承与发展的灵魂和基石。在文化传承发展中，社会主义核心价值观发挥着灵魂和基石的重要作用，这样的作用体现在如下三个方面：

第一，社会主义核心价值观是巩固全党全国各族人民团结奋斗的共同思想基础。一个民族、一个国家的核心价值观，必须同这个民族、这个国家的历史文化相契合，同这个民族、这个国家的人民正在进行的奋斗相结合，同这个民族、这个国家需要解决的时代问题相适应。社会主义核心价值观，既体现社会主义的本质要求，继承中华优秀传统文化，也吸收世界文明有益成果，体现时代精神，回答新的历史时期应该坚持和提倡什么样的价值理念、价值追求等基本问题，是当代中国精神的集中体现，凝结着全体人民共同的价值追求，是巩固全党全国各族人民团结奋斗的共同思想基础。

共同的思想基础是维系社会团结和睦的精神纽带，是推动事业发展的精神支撑。没有共同的思想基础，就会导致人心涣散、社会分裂。我们党历来重视共同思想基础的建设。毛泽东指出："我们共

产党人好比种子，人民好比土地。我们到了一个地方，就要同那里的人民结合起来，在人民中间生根、开花。"① 邓小平指出："我们这么大一个国家，怎样才能团结起来、组织起来呢？一靠理想，二靠纪律。组织起来就有力量。"② 江泽民指出："一个民族，一个国家，如果没有自己的精神支柱，就等于没有灵魂，就会失去凝聚力和生命力。"③ 胡锦涛指出："一个社会是否和谐，一个国家能否实现长治久安，很大程度上取决于全体社会成员的思想道德素质。没有共同的理想信念，没有良好道德规范，是无法实现社会和谐的。"④ 习近平总书记指出："心中有信仰，脚下有力量。"⑤ 当今世界正处在大发展大变革大调整时期，思想文化交流交融交锋更加频繁，各种价值观念和社会思潮纷繁复杂。在我国，随着经济社会深刻变革，人们思想活动的独立性、选择性、多变性、差异性明显增强，在价值判断和价值追求上呈现出多样化的趋势。积极培育和践行社会主义核心价值观，对于巩固马克思主义在意识形态领域的指导地位、巩固全党全国各族人民团结奋斗的共同思想基础，促进人的全面发展、引领社会思潮、凝聚社会共识，具有十分重要的意义。

第二，社会主义核心价值观是促进人的全面发展的精神指引。

---

① 《毛泽东选集》第4卷，人民出版社1991年版，第1162页。
② 《邓小平文选》第3卷，人民出版社1993年版，第111页。
③ 《江泽民文选》第2卷，人民出版社2006年版，第230—231页。
④ 《胡锦涛文选》第2卷，人民出版社2016年版，第290页。
⑤ 习近平：《在纪念红军长征胜利80周年大会上的讲话》，人民出版社2016年版，第11页。

促进人的全面发展是建设社会主义新社会的本质要求。马克思主义认为，人的全面发展，最根本的是指人的劳动能力的全面发展，即人的智力和体力的充分、统一的发展，同时也包括人的才能、志趣和道德品质等多方面的充分发展。社会主义核心价值观以其先进性、人民性和真实性而居于人类社会的价值制高点，具有强大的道义力量，既为促进人的全面发展提供精神指引，也为促进人的全面发展提供行为规范。

社会主义核心价值观的先进性，体现在它是社会主义制度所坚持和追求的核心价值理念。社会主义核心价值观反映了我国社会主义基本制度的本质要求，渗透于经济、政治、文化、社会、生态文明建设的各个方面，是我国社会主义制度的内在精神之魂。社会主义核心价值观的人民性，体现在它所代表的最广大人民的根本利益，反映的最广大人民的价值诉求，引导着最广大人民为实现美好社会理想而奋斗。社会主义核心价值观的真实性，体现在它是真实可信的，是能够真正实现的，而不是无法企及的空中楼阁。先进性、人民性、真实性这三个方面的特质，决定了社会主义核心价值观在促进人的全面发展中的重要作用。

人的全面发展，离不开正确价值观的引领。一个人的理想只有同国家的前途和民族的命运相结合才有价值，一个人的信念追求只有同社会的需要和人民的利益相一致才有意义。社会主义核心价值观倡导富强、民主、文明、和谐，倡导自由、平等、公正、法治，倡导爱国、敬业、诚信、友善，这些价值追求回答了我们要建设什么样的国家、建设什么样的社会、培育什么样的公民的重大问题，为人的全面发展提供明确的价值导向。大力培育和践行社会主义核心价值观，有助于人们树立正确的世界观、人生观和价值观，坚定理想信念、明确价值追求、提升道德境界，从而促进人的全面发展。

第三，社会主义核心价值观是引领社会思潮、凝聚社会共识的精神旗帜。当今时代，文化越来越成为民族凝聚力和创造力的重要源泉、越来越成为经济社会发展的重要支撑、越来越成为综合国力竞争的重要因素。占据文化发展的制高点，就能够更好地在激烈的国际竞争中掌握主动权。而文化的力量，归根到底来自凝结其中的核心价值观的影响力和感召力。

当前，我国正处于发展的关键时期，积极培育和践行社会主义核心价值观，有利于进一步凝聚民心、汇聚民力，巩固和发展中国特色社会主义的思想基础；有利于增进社会团结和睦，最大限度地团结不同阶层、不同利益群体的人们，为实现共同理想和目标而努力奋斗；有利于形成全民族奋发向上的精神力量和团结和睦的精神纽带，推动全社会形成良好的道德风尚和精神追求；有利于提高我国文化软实力，增强我国文化的国际竞争力和影响力，推动中华文化走向世界。

社会主义核心价值观是引领社会思潮的精神旗帜。社会思潮是在一定社会历史条件下产生并广泛流传的思想倾向、思想潮流。在多样化社会思潮中，必须有一个起引领作用的主旋律，这就是社会主义核心价值观。只有大力培育和践行社会主义核心价值观，才能有效引领各种社会思潮，抵御各种错误思想观念的侵蚀，不断增强社会主义意识形态的吸引力和凝聚力。社会主义核心价值观是凝聚社会共识的精神纽带。一个民族、一个国家要同心同德，必须有共同的理想信念作支撑。要在全社会大力弘扬和践行社会主义核心价值观，使全体人民在理想信念、价值追求、道德准则上紧紧团结在一起，形成全社会团结和睦、共同发展的良好局面。

社会主义核心价值观是文化传承发展的灵魂与基石。只有大力培育和践行社会主义核心价值观，才能巩固全党全国人民团结奋斗的共同思想基础，促进人的全面发展，引领社会思潮、凝聚社会共识，汇聚起推动文化繁荣发展的强大精神力量，全面提升国家文化软实力。要从坚持和发展中国特色社会主义、实现中华民族伟大复兴中国梦的高度，充分认识培育和践行社会主义核心价值观的重要意义，切实把这项任务抓紧抓好。

第二节 事业产业，双轮驱动

社会主义的文化事业和产业，如同车之双轮、鸟之双翼，必须坚持"双轮驱动"的发展战略，即公益性文化事业和经营性文化产业要协同发展，相互促进，共同构成社会主义文化建设的强大动力。

公益性文化事业是社会主义文化建设的基石，承载着保障人民基本文化权益的重要使命。文化事业通过提供公共文化服务，如图书馆、博物馆、文化馆等公共设施，以及丰富多彩的文化活动，让人民群众能够享受到均等、便捷、高效的文化服务。这些服务不仅满足人们基本的精神文化需要，还提高全民族的文化素养，提升社会文明程度。文化事业以其公益性、普惠性、基础性的特点，为构建和谐社会、促进人的全面发展提供有力支撑。

而经营性文化产业则是社会主义文化建设的活力之源。随着经济社会的发展和人民生活水平的提高，人民对精神文化的需求日益多样化、多层次化。文化产业以其市场化、创新性的运作方式，不断推出新颖、独特、有吸引力的文化产品和服务，满足人民日益增长的精神文化需求。同时，文化产业的发展还带动相关产业的繁荣，创造大量的就业机会，提高经济效益。更重要的是，文化产业的繁荣发展提升国家文化软实力，为社会主义文化走向世界舞台奠定基础。

公益性文化事业和经营性文化产业两者相辅相成，缺一不可。文化事业的发展为文化产业提供丰富的文化资源和深厚的文化底蕴，为文化产业的创新提供源源不断的灵感和动力。而文化产业的发展则为文化事业提供更多的资金支持和市场机遇，促进文化事业的持续发展和不断创新。

因此，我们必须坚持"双轮驱动"的发展战略，推动公益性文化事业和经营性文化产业的协同发展。通过加强文化设施建设、丰富文化活动内容、提高文化服务质量，不断满足人民基本文化权益；同时，通过加大文化产业扶持力度、优化文化产业结构、提高文化产业创新能力，不断提升文化软实力和国际竞争力。只有这样，我们才能共同推动社会主义文化的繁荣兴盛，为实现中华民族伟大复兴的中国梦提供强大的精神动力和文化支撑。

一、发展公益性社会主义文化事业

随着社会的不断发展和进步，人们对文化生活的需要日益增长。公益性文化事业作为社会主义文化事业的重要组成部分，对于满足人民基本文化需要、保障人民基本文化权益具有重要意义。大力发展公益性文化事业、保障人民基本文化权益、满足人民基本文化需要是社会主义文化建设的基本任务。本部分旨在探讨发展公益性社会主义文化事业的重要性、现状、面临的挑战及应对策略。

发展公益性社会主义文化事业的重要性可以从三个方面进行理解。第一，满足人民基本文化需要。随着经济的发展和社会的进步，人们对文化生活的需要日益多样化、个性化。公益性文化事业通过提供丰富多样的文化产品和服务，满足人民群众日益增长的精神文化需要。例如，公共图书馆、文化馆（站）等公共文化设施为群众提供免费或优惠的基本公共文化服务，使群众能够便捷地获取文化知识、享受文化娱乐。第二，保障人民基本文化权益。文化权益是人民群众的基本权益之一，是支撑和满足"人的自由全面发展"的基本指标。公益性文化事业通过建设和完善公共文化服务网络，让群众广泛享有免费或优惠的基本公共文化服务，从而保障人民的基本文化权益。这有助于促进人的全面发展，提高全民族的思想道德素质和科学文化水平。第三，推动社会主义精神文明建设。公益性文化事业是社会主义精神文明建设的重要组成部分。通过发展公益性文化事业，弘扬社会主义核心价值观，传播先进文化，抵制腐朽文化，营造良好的社会风气。同时，提高人民群众的文化素养和审美水平，促进人的全面发展和社会全面进步。

我国公益性文化事业已取得显著成就。党和政府高度重视公益性文化事业建设，不断加大财政投入力度，动员社会各方面力量积极参与公益性文化建设。在党中央领导下，各地各有关部门按照公益性、基本性、均等性和便利性的原则要求，坚持以政府为主导、以公共财政为支撑、以基层特别是农村为重点，大力发展公益性文化事业。全国公共文化服务体系日趋完善，现代传播体系基本成型，优秀传统文化传承体系摆上重要日程，城乡文化一体化得到长足发展。

尽管我国公益性文化事业取得显著成就，但仍存在一些问题。一是经费投入不足。公益性文化事业的发展需要有足够的经费支持，但部分地方的领导干部对公益性文化事业建设重视不够，经费投入不足，影响公益性文化事业的发展。二是人才缺乏。文化事业的发展离不开人才的培养、竞争和使用。公益性文化事业领域缺乏科学合理的文化人才使用、培养和引进机制，导致文化经营管理人才特别是高层次人才匮乏。

发展公益性社会主义文化事业还面临许多挑战，首先，资源匮乏。公益性文化事业发展需要大量的资源投入，包括资金、人才、设施等。然而，公益性文化事业资源匮乏的问题仍然突出。部分地方的公益性文化设施简陋，无法满足人民群众日益增长的文化需要。其次，缺乏科学合理的资源配置机制，导致资源利用效率低下。再次，影响力和可持续性仍然不足。很多公益项目在初期取得一定成效，随着时间的推移，难以保持长期的影响力和可持续性。这主要是由于公益性文化事业缺乏长期的发展规划和有效的运营机制。部分地方的公益性文化事业项目在建成后缺乏有效的管理和运营，导致设施闲置、资源浪费等问题。最后，社会认知和支持度仍然不高。尽管公益性文化事业对于满足人民基本文化需要具有重要意义，但部分人对公益性文化事业的认知还停留在表面，缺乏有效支持和参与，在一定程度上影响了公益性文化事业的发展。

面对这些挑战，进一步发展公益性社会主义文化事业应当从以下六个方面入手。第一，坚持政府主导，加大财政投入力度。政府是发展公益性文化事业的主导力量。各级政府应高度重视公益性文化事业建设，将其纳入经济社会发展总体规划，加大财政投入力度。同时，应建立健全公益性文化事业经费保障机制，确保公益性文化事业经费的稳定增长。例如，可以通过设立公益性文化事业专项基金、加大转移支付力度等方式，为公益性文化事业提供资金支持。

第二，加强文化基础设施建设，完善公共文化服务体系。文化基础设施是公益性文化事业发展的重要支撑。各级政府应加强文化基础设施建设，完善公共文化服务体系。一方面，加大对图书馆、文化馆（站）、博物馆等公共文化设施的建设和改造力度，提高其服务能力和水平。另一方面，推动公共文化服务向基层延伸，实现公共文化服务的均等化、便利化。例如，通过建设社区文化中心、农村文化大院等方式，让群众在家门口就能享受到便捷的文化服务。

第三，吸纳社会和企业的资金投入，拓宽融资渠道。公益性文化事业资金来源单一是造成其资金不足的重要原因之一。积极地吸纳社会和企业的资金投入公益性文化事业的建设和发展。一方面，通过政府引导、场地优先提供等方式，鼓励民间资本进入公益性文化事业领域；另一方面，通过与演艺公司、团体签订订单式协议等方式，由政府买单或补贴，定期向大众提供免费或低票价的高质量演出，丰富群众的文化生活。

第四，深化文化体制改革，加强科学管理。文化体制改革是推动公益性文化事业发展的重要动力。各级政府应深化文化体制改革，加强科学管理。一方面，坚持"政事分开""管办分离"，厘清公益性文化单位的管理职责和范围，做到统一管理。另一方面，加强财务资金管理，坚持"收支两条线"并加强监管，确保资金的落实和使用到位。同时，建立健全公益性文化事业绩效考核机制，提高公益性文化事业的管理水平和运营效率。

第五，加强人才培养和引进，提高队伍素质。人才是公益性文化事业发展的关键因素。各级政府应加强人才培养和引进工作，提高队伍素质。一方面，加大对公益性文化事业人才的培养力度，通过举办培训班、开展学术交流等方式，提高人才的专业素养和业务能力。另一方面，建立健全公益性文化事业人才引进机制，吸引高层次人才投身公益性文化事业领域。同时，建立健全公益性文化事业人才激励机制，激发人才的积极性和创造力。

第六，推动公益文化创新，提高服务效能。创新是推动公益性文化事业发展的重要动力。各级政府应推动公益文化创新，提高服务效能。一方面，鼓励公益性文化事业领域开展文化创新活动，如举办文化展览、文艺演出、文化交流等，丰富群众的文化生活。另一方面，运用现代信息技术手段，提高公益性文化事业的服务效能。例如，通过建设数字图书馆、数字博物馆等方式，实现文化资源的数字化、网络化传播和共享。

发展公益性社会主义文化事业对于满足人民基本文化需要、保障人民基本文化权益具有重要意义。然而，公益性文化事业发展仍存在经费不足、人才缺乏、体制不顺等问题。应坚持政府主导，加强文化基础设施建设，完善公共文化服务体系，并吸纳社会和企业的资金投入，深化文化体制改革，加强科学管理，推动公益性社会主义文化事业的繁荣发展，为人民群众提供更多优质的文化服务。

二、发展经营性社会主义文化产业

随着社会主义市场经济的深入发展，经营性社会主义文化产业作为文化产业的重要组成部分，其地位和作用日益凸显。经营性社会主义文化产业不仅承载着满足人民群众精神文化需要的重要使命，还是推动经济转型升级、提升国家文化软实力的重要途径。经营性社会主义文化产业在发展过程中面临诸多挑战和问题，如产业结构不合理、创新能力不足、市场机制不完善等。深入研究经营性社会主义文化产业的发展问题，对于推动社会主义文化事业的繁荣和发展具有重要意义。

经营性社会主义文化产业是指在社会主义市场经济条件下，以公有制为主体、多种所有制共同发展的文化产业格局和以民族文化为主体、吸收外来有益文化的文化市场格局。其特点主要表现在以下三个方面：第一，市场化运作。经营性社会主义文化产业遵循市场经济规律，通过市场机制配置资源，实现文化产品的生产、流通和消费。文化企业通过市场调研、产品开发、营销推广等手段，满足人民群众的精神文化需求，实现经济效益和社会效益的统一。第二，多元化发展。经营性社会主义文化产业涵盖新闻出版、广播影视、演艺娱乐、文化旅游、数字文化等多个领域，形成多元化的产业结构。不同领域之间的融合发展，为经营性社会主义文化产业注入新的活力。第三，创新性驱动。经营性社会主义文化产业注重创新，通过内容创新、技术创新、模式创新等手段，提升文化产品的附加值和竞争力。创新成为经营性社会主义文化产业持续发展的不竭动力。

近年来，我国经营性社会主义文化产业取得显著成就，主要表现在：一是产业规模不断扩大，产业结构逐步优化，市场主体日益多元。随着文化体制改革的深入和市场经济的发展，我国经营性社会主义文化产业规模不断扩大，文化产业增加值占 GDP 的比重逐年上升，文化产业已经成为国民经济的重要支柱产业之一。二是产业结构逐步优化，传统产业转型升级步伐加快，新兴产业蓬勃发展。数字出版、动漫游戏、网络文化等新兴文化产业成为经营性社会主义文化产业的新增长点。三是市场主体日益多元，国有文化企业、民营文化企业、外资文化企业共同构成多元化的市场主体格局。不同市场主体之间的竞争与合作，促进经营性社会主义文化产业的繁荣发展。

尽管经营性社会主义文化产业取得显著成就，但在发展过程中仍存在产业结构不合理、创新能力不足、市场机制不完善等问题：一是产业结构仍不合理，传统文化产业比重较大，新兴文化产业比重较小，导致经营性社会主义文化产业的发展动力不足，难以满足人民群众日益增长的精神文化需求。二是创新能力不足，缺乏具有自主知识产权的核心技术和品牌，导致经营性社会主义文化产业在国际市场上的竞争力较弱，难以在全球文化产业格局中占据有利地位。三是市场机制尚不完善，市场准入门槛高、市场竞争不充分，导致经营性社会主义文化产业的发展受到制约，难以充分发挥市场机制在资源配置中的决定性作用。

针对经营性社会主义文化产业存在的问题，可以从以下几个方面进行改进。第一，优化产业结构，促进转型升级。一方面需要推动传统文化产业转型升级。通过技术创新、模式创新等手段，提升传统文化产业的附加值和竞争力。例如，推动出版产业向数字化、网络化方向发展，提升出版产业的传播效率和覆盖范围。另一方面应当大力发展新兴文化产业。加大对数字出版、动漫游戏、网络文化等新兴文化产业的支持力度，培育新的经济增长点。通过政策引导、资金支持等手段，促进新兴文化产业的快速发展。

第二，加强创新驱动，提升核心竞争力。鼓励文化企业加大研发投入，开展核心技术攻关和关键共性技术研究。通过设立研发基金、提供税收优惠等手段，激发文化企业的创新活力。同时，培育知名品牌，鼓励文化企业打造具有自主知识产权的核心品牌和知名品牌，提升文化产品的附加值和竞争力。通过品牌授权、品牌合作等手段，扩大文化产品的市场影响力和美誉度。

第三，完善市场机制，激发市场活力。一方面降低市场准入门槛，促进市场竞争。放宽市场准入条件、简化审批流程等手段，降低文化企业进入市场的门槛。引入竞争机制，激发文化企业的创新活力和发展动力。另一方面，加强市场监管，维护市场秩序。建立健全文化市场监管体系，加强对文化市场的监管力度。通过打击侵权盗版、规范市场行为等手段，维护文化市场的公平竞争秩序。

第四，深化文化体制改革，释放发展活力。一方面，深化文化企事业单位改革。加快文化企事业单位的分类改革步伐，推动经营性文化事业单位转制为企业。通过完善法人治理结构、建立现代企业制度等手段，提升文化企业的市场竞争力。另一方面，完善文化产业政策体系。加大对文化产业的政策支持力度，制定更加完善的文化产业政策体系。通过财政补贴、税收优惠、金融支持等手段，促进文化产业的繁荣发展。

经营性社会主义文化产业作为社会主义文化建设的重要组成部

分，对于满足人民群众日益增长的精神文化需求、推动经济转型升级、提升国家文化软实力具有重要意义。然而，当前经营性社会主义文化产业在发展过程中仍面临诸多挑战和问题。应优化产业结构、加强创新驱动、完善市场机制、深化文化体制机制改革等措施，促进经营性社会主义文化产业的健康可持续发展。

三、二者"双轮驱动"推动文化软实力的提升

社会主义的文化事业和产业必须"双轮驱动"，即公益性文化事业和经营性文化产业要协同发展。文化事业保障人民基本文化权益，提高社会文明程度；文化产业则满足人民多样化、多层次的精神文化需求，提升文化软实力。两者相辅相成，共同推动社会主义文化繁荣兴盛。今天，文化软实力已经成为国家间竞争的重要方面。文化软实力不仅体现一个国家的文化影响力、凝聚力和感召力，还直接关系到国家的国际形象和国际地位。为了提升文化软实力，各国纷纷探索适合自己的发展模式。其中，文化事业与产业的"双轮驱动"模式因其独特的优势而受到广泛关注。

软实力这一概念最早由美国哈佛大学教授约瑟夫·奈提出。他将其定义为"当一个国家使得其他国家以其预期目标为目标时的同化权力"[①]。他认为，软实力主要包括文化吸引力、意识形态和政治

---

① ［美］约瑟夫·S. 奈：《硬权力与软权力》，门洪华译，北京大学出版社 2005 年版，第 106 页。

价值观念的吸引力，以及塑造国际规则和决定政治议题的能力。其中，文化吸引力是软实力的重要组成部分，体现一个国家的文化影响力、凝聚力和感召力。文化软实力是国家形象的重要组成部分。一个拥有丰富文化遗产和强大文化创新能力的国家，往往能够在国际社会树立起积极、正面的形象。这种形象有助于增强国际社会对该国的认同感和好感度，从而提升国家的国际影响力。同时，文化软实力能够跨越国界和种族，对全球范围受众产生深远影响。通过文化输出和交流，一个国家可以将自己的价值观念、生活方式和思维方式传播到世界各地，从而增强自己在国际事务中的话语权和影响力。文化产业作为新兴产业之一，具有巨大的发展潜力。文化产业的发展不仅能够带动相关产业的发展，还能创造更多的就业机会和经济效益。同时，文化软实力还能够提升国家的品牌形象和旅游吸引力，促进旅游业的繁荣。

文化事业与产业"双轮驱动"模式并非随意提出，而有其深刻的理论基础与实践意义。就其理论基础而言，文化事业与产业在发展过程中存在着互补性。文化事业主要关注文化的传承、保护和创新，注重社会效益和公益性质；而文化产业则更注重文化的市场化和商业化运作，追求经济效益和市场竞争。两者相互补充、相互促进，共同推动文化的发展和繁荣。另外，创新驱动发展战略是我国当前和未来发展的重要战略。文化事业与产业的"双轮驱动"模式正是创新驱动发展战略在文化领域的具体体现。文化事业与产业的互动和融合，可以激发文化创新活力，推动文化产业的转型升级和高质量发展。

就其实践意义而言，文化事业与产业的"双轮驱动"模式能够充分发挥两者在推动文化软实力提升中的作用。文化事业通过传承和保护文化遗产、培养文化人才、推动文化创新等方式，为文化产业的发展提供丰富的文化资源和人才支持；而文化产业则通过市场化的运作和商业化推广，将文化事业所创造的文化成果转化为具有市场竞争力的文化产品，从而增强文化的传播力和影响力。

文化事业与产业的"双轮驱动"模式有助于促进文化产业的快速发展。通过文化事业的支持和引导，文化产业可以更好地把握市场需求和文化发展趋势，开发出更具市场竞争力和影响力的文化产品。

文化事业与产业的"双轮驱动"模式能够满足人民群众日益增长的精神文化需要。文化事业通过提供丰富多彩的文化活动和公共文化服务，丰富人民群众的精神文化生活；而文化产业则通过市场化的运作和商业化推广，将文化事业所创造的文化成果转化为具有市场竞争力的文化产品，满足人民群众对高品质文化产品的需求。

实施"双轮驱动"策略，在加强文化事业建设方面，需要加大文化遗产保护力度，推动文化创新，以及完善公共文化服务体系。文化遗产是一个国家文化软实力的重要组成部分。为了加强文化遗产的保护力度，需要建立健全文化遗产保护法律法规体系，加大对文化遗产的保护投入力度，完善文化遗产保护机制和管理体制。加强文化遗产的宣传和教育力度，提高全社会对文化遗产保护的认识和重视程度。文化创新是文化事业发展的核心动力，为了推动文化创新，需要建立健全文化创新机制和政策支持体系，鼓励文化人才进行原创性文化创作和表演活动。还应加强文化创新成果的宣传和推广力度，提高文化创新成果的社会影响力和市场竞争力。公共文化服务体系是满足人民群众精神文化需要的重要途径。为了完善公共文化服务体系，需要加大对公共文化设施建设的投入力度，提高公共文化设施的服务水平和覆盖面。同时，加强公共文化服务的创新和管理力度，提高公共文化服务的针对性和实效性。

在促进文化产业发展方面，需要优化文化产业结构、培育文化市场主体，以及拓展文化市场空间。文化产业结构优化是推动文化产业发展的重要途径。优化文化产业结构，需要加强对文化产业发展的规划和引导力度，推动文化产业的转型升级和高质量发展。同时，加强文化产业的跨界融合和协同发展力度，推动文化产业与其他相关产业的深度融合和共同发展。文化市场主体是文化产业发展的核心力量。为了培育文化市场主体，需要加强对文化企业的扶持和引导力度，推动文化企业的做大做强和做优做精。同时，还应加强文化市场的监管和规范力度，营造公平竞争、诚信经营的市场环境。文化市场空间拓展是推动文化产业发展的重要途径。为了拓展文化市场空间，需要加强对文化市场的调研和分析力度，准确把握市场需求和文化发展趋势。同时，加强文化产品的创新和推广力度，提高文化产品的市场竞争力和品牌影响力。

在推动文化事业与产业的融合发展方面，加强文化事业与产业的互动和融合，创新文化事业与产业的融合模式，加强文化事业与产业的国际合作。文化事业与产业的互动和融合是推动文化事业与产业"双轮驱动"的重要途径。加强两者的互动和融合，需要建立健全文化事业与产业的沟通机制和合作平台，推动文化事业与产业的资源共享和优势互补。同时，加强文化事业与产业的政策协调和支持力度，为两者的互动和融合提供有力的政策保障和支持。文化事业与产业的融合模式创新是推动文化事业与产业"双轮驱动"的重要手段。创新融合模式，需要加强对文化事业与产业融合发展的研究和探索力度，推动文化事业与产业的深度融合和共同发展。同时，加强文化事业与产业的跨界融合和协同发展力度，推动文化产业与其他相关产业的深度融合和共同发展。文化事业与产业的国际合作是推动文化事业与产业"双轮驱动"的重要途径。加强国际合作，需要积极参与国际文化交流与合作活动，推动文化事业与产业的国际化发展。同时，加强与国际文化机构的沟通和合作力度，共同推动全球文化事业与产业的繁荣和发展。

文化软实力作为国家综合实力的重要组成部分，对于提升国家形象、增强国际影响力具有不可替代的作用。文化事业与产业的"双轮驱动"模式在推动文化软实力提升中具有独特的优势和重要的作用。应加强文化事业建设、促进文化产业发展以及推动文化事业与产业的融合发展，充分发挥两者在推动文化软实力提升中的作用。随着全球文化多样性的不断凸显，文化事业与产业的"双轮驱动"模式将成为推动文化软实力提升的重要动力和源泉。

第三节　人民情怀，美好向往

文艺作品，作为精神文化的重要载体，应当始终把人民放在心中最高位置，将人民的需求和利益作为创作的出发点和落脚点。文艺是人民的文艺，源于人民、为了人民、属于人民，这是文艺发展的根本立场和价值取向。

在创作过程中，文艺工作者必须始终保持与人民的密切联系，深入了解人民的生活状态、情感世界和内心愿望。贴近人民，就要深入基层一线，走进田间地头、工厂车间、社区巷弄，感受人民的喜怒哀乐，倾听人民的心声呼唤。只有这样，才能真正捕捉到人民生活的真实面貌，才能创作出有温度、有深度、有力度的文艺作品。

文艺作品要反映人民的生活，就要用艺术的形式去展现人民的日常点滴、奋斗历程和人生百态。无论是欢笑还是泪水，无论是成功还是挫折，都是人民生活的真实写照，都是文艺创作的宝贵素材。文艺作品要敢于直面人民的苦难和困境，用艺术的力量去揭示问题、引发思考，同时也要善于展现人民的坚韧和勇气，用艺术的光芒去照亮希望、传递力量。

在传递人民的声音和力量方面，文艺作品有着得天独厚的优势。它可以通过生动的形象、感人的故事、优美的语言，将人民的心声和愿望传达给更广泛的社会公众。这种传达不仅仅是一种信息的传递，更是一种情感的共鸣和价值的认同。当人民在文艺作品中看到自己的影子、听到自己的声音时，就会感受到一种无比的亲切和温暖，就会更加坚定对美好生活的向往和追求。

因此，文艺创作必须坚持以人民为中心的导向，用艺术的形式去展现人民的喜怒哀乐，传递人民的声音和力量。让文艺成果真正成为人民精神世界的滋养品、成为人民追求美好生活的动力源。只有这样，文艺作品才能走进人民的心中、扎根人民的生活、成为人民的挚爱，为推动社会主义文化繁荣兴盛作出更大的贡献。

一、人民至上的文艺创作原则

文化是民族的精神命脉，文艺是时代的号角。习近平总书记强调："广大文艺工作者要坚持以人民为中心的创作导向，把人民放在心中最高位置。"[①] 这一重要论述为新时代文艺创作指明了方向。源于人民、为了人民、属于人民，是社会主义文艺的根本立场，也是社会主义文艺繁荣发展的动力所在。

人民至上的文艺创作原则有其深刻的理论依据与历史渊源。马克思主义文艺观认为，人民是历史的创造者，也是文艺之母。人民群众的社会实践是文艺创作的源泉，文艺作品应该反映人民的生活、情感、命运和心愿。习近平总书记倡导的"以人民为中心"的创作

---

① 习近平：《在中国文联十一大、中国作协十大开幕式上的讲话》，《人民日报》2021 年 12 月 15 日。

导向，正是马克思主义文艺观在当代中国的具体体现。这一原则强调文艺创作要深深扎根人民、扎根生活，从人民的实践中汲取营养，用人民创造历史的奋发精神滋养文艺创作。中国共产党从成立之日起，就确立了全心全意为人民服务的宗旨。这一宗旨在文艺领域表现为文艺创作要为人民服务、为社会主义服务。毛泽东在《在延安文艺座谈会上的讲话》中指出："我们的文学艺术都是为人民大众的，首先是为工农兵的。"① 这一重要论述为中国共产党领导下的文艺创作确立了人民至上的原则。新时代，习近平总书记进一步强调文艺创作要坚持以人民为中心，这体现了对毛泽东文艺思想的继承和发展。

在中国革命时期，文艺创作紧密围绕人民解放和民族独立的主题展开。从《李有才板话》《小二黑结婚》到《王贵与李香香》《吕梁英雄传》，再到《荷花淀》《太阳照在桑干河上》，这些作品都生动地展现了人民在党的领导下挣脱枷锁获得自由、冲破黑暗追求光明的决心和成果。秧歌剧《夫妻识字》《兄妹开荒》以洋溢着泥土气息的清新和亲切感，展现了中国农民在扫盲、大生产运动中喜悦的生活和精神风貌。合唱《黄河大合唱》和歌剧《白毛女》等作品，更是通过史诗般的艺术表现，唱出了中华民族的宏阔正音，彰显了革命的正义性和历史的必然性。这些作品都体现了人民革命和人性启蒙的高度统一，开启了"人民文艺"的新时代。

---

① 《毛泽东选集》第3卷，人民出版社1979年版，第863页。

中华人民共和国成立后，社会主义文艺创作中的人民形象随时代发展而发生变化和升华。以歌曲《歌唱祖国》为标志，20世纪五六十年代的文艺创作充满了对建设新国家、迎接新生活的渴望。长篇小说《百炼成钢》《青春万岁》《山乡巨变》《创业史》等作品，以恢宏的气度、强大的矩阵，再现了社会主义建设初期朝气蓬勃的建设场景，展现了人民群众自力更生、意气风发的精神风貌。诗歌方面，贺敬之的《放声歌唱》《雷锋之歌》等作品，无不洋溢着新中国"青春期"的豪迈气质与浪漫情怀。

改革开放后的文艺创作展示了人民对改革的愿望以及开放的姿态和创造的精神。小说《乔厂长上任记》《沉重的翅膀》《人生》《平凡的世界》等作品，从文学到影视剧改编，贴近了时代社会的现实，贴近了人民群众的心。歌曲《祝酒歌》《在希望的田野上》《春天的故事》《走进新时代》《江山》等脍炙人口的作品，更是唱出了人民的心声和对美好生活的向往。

就其现实意义而言，人民至上的文艺创作原则有助于满足人民精神文化需求、增强人民精神力量、推动社会主义文艺繁荣发展。随着时代的发展，人民对精神文化生活的需求日益增长。文艺作品作为精神文化产品的重要组成部分，必须坚持以人民为中心，满足人民多样化的精神文化需求。广大文艺工作者要深入基层一线创作采风，虚心拜群众为师，真心与群众交友，以心交心、以情换情，努力创作出更多贴近人民、反映人民心声的作品。文艺作品不仅具有娱乐功能，更具有教育功能。坚持以人民为中心的创作导向，就是要通过文艺作品弘扬社会主义核心价值观，传递正能量，增强人民的精神力量。广大文艺工作者要深入挖掘人民创造历史的伟大进程中的感人故事和英雄事迹，用饱满的笔墨讴歌人民、褒扬英雄，激发人民的爱国热情和奋斗精神。源于人民、为了人民、属于人民，是社会主义文艺的根本立场。坚持以人民为中心的创作导向，是推动社会主义文艺繁荣发展的动力所在。广大文艺工作者要牢固树立以人民为中心的创作导向，深深扎根人民、热情讴歌人民、始终服务人民，努力创作出更多无愧于时代的优秀作品，让文艺的百花园永远为人民绽放。

践行人民至上的文艺创作原则，应当让创作深深扎根人民、热情讴歌人民，并始终服务人民。文艺创作方法有一百条、一千条，但最根本、最关键、最牢靠的方法是扎根人民、扎根生活。广大文艺工作者要牢牢站稳人民立场，深入基层一线创作采风，虚心向人民学习、向生活求教。只有真正扑下身子、沉到一线，把自己的思想倾向和情感同人民融为一体，把人民的冷暖幸福放在心上，把人民的喜怒哀乐倾注笔端，才能创作出具有深沉力量和隽永魅力的作品。文艺要对人民创造历史的伟大进程给予最热情的赞颂，对一切为中华民族伟大复兴奋斗的拼搏者、一切为人民牺牲奉献的英雄给予最深情的褒扬。人民是推进现代化最坚实的根基、最深厚的力量。广大文艺工作者要为时代和人民放歌，把人民作为文艺表现的主体，用饱满的笔墨讴歌人民、用多彩的作品反映时代。文艺要反映好人民心声，就要坚持为人民服务、为社会主义服务这个根本方向。新时代，人民美好生活需要日益广泛，对精神文化生活更加看重。广大文艺工作者要始终保持对人民的深厚感情，把为人民服务作为天职，把满足人民精神文化需要作为文艺和文艺工作的出发点和落脚点。要推出更多叫得响、传得开、留得住的文艺精品，助力提升人民精神文化生活品质，让人民不断有新的获得感。

人民至上的文艺创作原则，是社会主义文艺的根本立场和繁荣发展的动力所在。广大文艺工作者要深入学习贯彻习近平文化思想，牢固树立以人民为中心的创作导向，深深扎根人民、热情讴歌人民、始终服务人民，创作出更多无愧于时代的优秀作品，满足人民精神文化需要、增强人民精神力量，推动社会主义文艺繁荣发展。

二、用文艺创作反映人民生活真实面貌

文艺创作是人类精神文化生活的重要体现，不仅能够满足人们的审美需求，更能够反映社会现实，传递思想和价值观念。人民生活真实面貌是文艺创作的重要源泉，文艺工作者通过深入生活、体验民情，将人民的喜怒哀乐、悲欢离合融入作品，使文艺作品具有生命力和感染力。本部分将从文艺创作反映人民生活的必要性、文艺创作反映人民生活的方式、文艺创作在反映人民生活真实面貌中的挑战与对策等方面进行探讨。

文艺创作不仅仅是艺术家的个人行为，更是一种社会责任的体现。习近平总书记强调，"社会主义文艺是人民的文艺，必须坚持以

人民为中心的创作导向"①。文艺创作要深入生活、扎根人民，通过艺术手法展现人民的生活状态和情感世界，传递正能量，弘扬社会主义核心价值观。文艺作品作为社会文化的重要载体，具有引导社会舆论、塑造民族精神、促进社会和谐的重要作用。文艺创作与人民生活紧密相连，人民生活是文艺创作的源泉和灵感所在。文艺作品通过反映人民生活，能够引起人们的共鸣和认同，增强作品的艺术感染力和社会影响力。同时，文艺作品也能够通过艺术加工和提炼，展现人民生活的美好和希望，激发人们的奋斗精神和创造力。文艺作品是时代精神的镜像，反映了人民的生活和情感。文艺创作对人民生活具有积极的影响。优秀的文艺作品能够丰富人们的精神文化生活，提高人们的审美水平和文化素养。同时，文艺作品也能够通过传递正确的价值观念和道德观念，引导人们形成积极向上的生活态度和行为方式。此外，文艺作品还能够激发人们的创造力和想象力，推动社会文化的繁荣和发展。

文艺创作通过文学作品、影视作品、音乐、舞蹈等艺术作品的形式反映人民生活。文学作品是文艺创作的重要形式之一，通过文字描绘人物、情节和环境，展现人民的生活状态和情感世界，通过细腻的笔触和生动的情节，再现人民的生活场景和内心世界。例如，鲁迅的小说《阿Q正传》通过塑造阿Q这一典型形象，表现了旧中

---

① 习近平：《决胜全面建成小康社会　夺取新时代中国特色社会主义伟大胜利——在中国共产党第十九次全国代表大会上的报告》，《人民日报》2017年10月28日。

国农民的愚昧、麻木和落后，反映了旧社会的黑暗和残酷。

影视作品是文艺创作的另一种重要形式，它通过画面、声音和情节的结合，直观展现人民的生活状态和情感世界。在影视作品中，导演和编剧可以通过精心设计的场景和情节，演绎人民的生活故事和内心世界。例如，电视剧《山海情》通过展现宁夏西海固地区人民在党和政府的带领下，通过移民搬迁、发展产业等方式实现脱贫致富的故事，生动反映了新时代中国脱贫攻坚的伟大实践和人民生活的巨大变化。音乐、舞蹈等艺术形式同样是文艺创作反映人民生活真实面貌的重要方式。音乐可以通过旋律和节奏表达人们的情感世界和精神追求，舞蹈可以通过肢体语言和动作展现人们的生活状态和情感世界。例如，歌曲《我和我的祖国》通过优美的旋律和深情的歌词，表达了人们对祖国的热爱和赞美之情；舞蹈《千手观音》通过精美的舞蹈编排和演员的精湛表演，展现了残疾人士的坚强意志和乐观精神。

然而，文艺创作要反映人民生活真实面貌，也存在一些问题与挑战。譬如文艺创作者缺乏生活体验。文艺创作需要深入生活、体验民情，然而一些文艺工作者由于生活经验的缺乏，难以准确把握人民生活的真实面貌。他们往往通过想象和虚构来创作作品，导致作品缺乏生活气息和真实感。文艺创作也存在艺术加工过度的问题。文艺创作需要艺术加工和提炼，一些文艺工作者在加工过程中过度追求艺术效果，忽视了作品的真实性和可信度。他们往往通过夸张和虚构来塑造人物形象和情节，导致作品脱离现实生活，难以引起人们的共鸣和认同。此外，社会环境的制约也限制了文艺创作对人民生活真实面貌的反映。在一些地区和社会群体中，由于思想观念和文化传统的差异，人们对文艺作品的接受程度和审美需求也存在差异。这导致一些文艺作品难以得到广泛的认可和传播。

针对这样的问题，文艺创作者应当深入生活、体验民情，通过实地考察和采访了解人民的生活状态和情感世界。只有亲身体验过人民的生活，才能够准确把握其真实面貌，创作出具有生活气息和真实感的作品。文艺创作要坚持真实性与艺术性的统一。在加工和提炼生活素材的过程中，注重保持作品的真实性和可信度。同时，通过艺术手法和技巧提升作品的艺术感染力和审美价值，使作品既具有生活气息又具有艺术魅力。文艺作品应真实反映生活，同时不失其艺术性。除此之外，文艺创作要关注社会现实、反映时代精神。文艺工作者要紧跟时代步伐，关注社会热点问题和人民生活的巨大变化。通过创作反映时代精神的作品，引导人们形成积极向上的生活态度和行为方式，推动社会文化的繁荣和发展。

报告文学《天鹅驻留的美丽村庄》通过讲述托克托县什力圪图村党支部书记潘国平带领村民脱贫致富的故事，生动反映新时代中国农村的社会变革和人民生活的巨大变化。作品详细描绘村庄的自然环境、人文景观和村民的生活状态，通过具体的人物形象和生动的情节展现潘国平的为民情怀和奋斗精神。同时，作品通过艺术手法和技巧提升艺术感染力和审美价值，使其既具有生活气息又具有艺术魅力。

文艺创作作为社会文化生活的重要组成部分，具有反映人民生活真实面貌的独特价值。深入分析文艺创作反映人民生活的必要性、方式和挑战与对策，可以发现文艺创作在反映人民生活真实面貌方面具有重要作用。文艺工作者要深入生活、体验民情，坚持真实性与艺术性的统一，关注社会现实、反映时代精神，创作出更多具有生活气息和艺术魅力的优秀作品。同时，政府和社会各界也要为文艺创作提供良好的环境和条件，推动社会文化的繁荣和发展。

三、用文艺创作满足人们对美好生活的向往

美好生活是人类共同的追求和向往，它不仅仅体现在物质层面的富足与舒适，更体现在精神层面的充实与愉悦。文艺创作作为人类精神活动的重要表现形式，通过艺术的手法展现生活的美好与希望，激发人们对美好生活的憧憬和追求。作品是艺术家对于世界、对于生活的一种理解和表达。在新时代背景下，文艺创作在满足人民对美好生活的向往方面的作用更加重要，它不仅是人们精神文化生活的重要组成部分，更是推动社会进步和发展的重要力量。

文艺创作与美好生活有着深刻的内在联系。首先，文艺创作源于生活，又高于生活。它通过对现实生活的提炼和加工，以艺术的形式再现生活的美好与丑陋、善良与邪恶、欢乐与悲伤。优秀的文艺作品能够深刻揭示生活的本质和规律，展现人性的光辉和力量，从而引发人们的共鸣和思考。如鲁迅的小说《狂人日记》就深刻揭示了封建社会的残酷和人性的扭曲。同时，文艺创作也能够通过虚构和想象，构建出理想化的生活场景和人物形象，满足人们对美好

生活的向往和追求。其次，文艺创作不仅反映生活，更引领生活。它通过艺术的手法塑造理想化的生活模型和价值观念，引导人们追求更高层次的精神生活。优秀的文艺作品能够传递正能量，弘扬真善美，激发人们的创造力和进取心，推动社会进步和发展。如茅盾的《子夜》就展现了民族工业在帝国主义和封建主义双重压迫下的挣扎和奋斗，激发了人们的爱国情感和民族自豪感。同时，文艺创作能够通过批判和揭露现实生活中的问题和矛盾，引起人们的关注和思考，推动社会改革和进步。最后，文艺创作还是美好生活的精神滋养。它能够丰富人们的精神世界，提高人们的审美水平和文化素养。通过欣赏优秀的文艺作品，人们可以感受到艺术的美感和魅力，体验到生活的多彩和丰富。如贝多芬的《第九交响曲》就以其壮美的旋律和深刻的思想内涵，滋养了无数人的心灵。同时，文艺创作能够通过传递智慧和启示，帮助人们更好地认识和理解生活，提升生活的意义和价值。

文艺创作通过艺术的手法塑造理想化的生活模型，为人们提供追求美好生活的目标和方向。在文学、影视、音乐等艺术形式中，都可以看到对理想生活的描绘和展现。这些理想化的生活模型不仅体现人们对物质生活的追求，更体现人们对精神生活的向往。它们以艺术的形式展现人性的美好和力量，激发人们对美好生活的憧憬和追求。例如，在文学作品中，作家通过描绘乌托邦或理想国的形式，展现人们对美好生活的向往。这些作品通常构建了一个理想的社会，人们在其中享受着幸福的生活。这种理想化的生活模型不仅为人们提供了追求美好生活的目标，也有助于激发人们对现实社会的思考和批判。

文艺创作是传递正确价值观念的重要载体。通过艺术的手法展现人性的光辉和力量，弘扬真善美，批判假恶丑，引导人们形成正确的价值观念和道德观念。在文艺作品中，正面人物形象通常具有高尚的品德和崇高的精神境界，他们的行为和言论能够激励人们积极向上、追求进步。同时，文艺作品也能够通过揭露和批判现实生活中的问题和矛盾，引导人们认识到这些问题的严重性和危害性，从而增强人们的道德意识和责任感。

文艺创作能够激发人们的创造活力和想象力。通过艺术的手法展现生活的多样性和丰富性，为人们提供广阔的思维空间和创作灵感。在文艺作品中，人们可以看到各种新奇的思想和观点、独特的艺术形式和表现手法，这些都能够激发人们的创造力和想象力，推动文化创新和艺术发展。现代艺术通过创新的手法和形式展现生活的多样性和丰富性。如毕加索的立体主义作品，就以一种全新的视角和表现手法，展现生活的多维性和复杂性。运用新的艺术语言和表现手法，将传统与现代、东方与西方、现实与虚幻等元素融合在一起，创造出具有独特魅力和深刻内涵的艺术作品。这些作品不仅丰富了人们的文化生活，也激发了人们的创造活力和想象力。

文艺创作在促进社会和谐方面发挥着重要作用。它通过艺术的手法展现人性的美好和力量，增强人们的情感共鸣和认同感，促进人与人之间的相互理解和尊重。同时，文艺作品也能够通过传递正能量和弘扬真善美，引导人们形成积极向上的生活态度和行为方式，推动社会风气的改善和进步。例如，在音乐作品中，许多歌曲都传递了爱与和平的主题。如《让世界充满爱》这首歌曲，就以优美的旋律和深情的歌词表达了人们对美好生活的向往和追求。这些作品通过优美的旋律和深情的歌词表达了人们对美好生活的向往和追求，增强了人们的情感共鸣和认同感，不仅能够让人们感受到音乐的美感和魅力，也能够引导人们形成积极向上的生活态度和行为方式，推动社会和谐与进步。

由此，满足人们对美好生活的向往，文艺创作应从四个方面入手。第一，文艺创作应坚持以人为本的创作理念，以人民为中心进行创作。这意味着文艺工作者要深入生活、扎根人民，了解人民的需求和期望，反映人民的生活和情感。同时，文艺作品也要注重人文关怀和人性表达，展现人性的美好和力量，引导人们追求更高层次的精神生活。

第二，文艺创作应注重创新与发展，不断探索新的艺术形式和表现手法。这意味着文艺工作者要敢于突破传统束缚和思维定势，勇于尝试新的艺术语言和创作方式。如现代主义文学和后现代主义文学的出现，就是对传统文学形式和表现手法的突破和创新。同时，要注重跨领域、跨文化的交流与融合，借鉴和吸收不同文化元素的优点和长处，为文艺创作注入新的活力和动力。

第三，文艺评论不仅能够为文艺作品提供客观的评价和反馈，还能够引导观众形成正确的审美观念和价值观念。加强文艺评论的建设和发展，培养专业的文艺评论家和批评家队伍，为文艺创作提供有力的支持和保障。如法国文学评论家圣伯夫（Charles Sainte-Beuve）就以其深刻的文艺评论和独到的见解，对法国文学的发展产生重要影响。

第四，文艺作品的普及与传播是满足人们对美好生活向往的重要途径。因此，应加强对文艺作品的推广和宣传力度，利用现代科技手段扩大文艺作品的影响力和覆盖面。如通过互联网和移动媒体等新媒体平台，可以让更多的人接触到优秀的文艺作品。同时，也要注重文艺作品的国际交流与合作，将中国优秀的文艺作品推向世界舞台，让世界更好地了解中国文化和中国精神。

文艺创作在满足人们对美好生活向往方面发挥着重要作用。它不仅是人们精神文化生活的重要组成部分，更是推动社会进步和发展的重要力量。通过塑造理想生活模型、传递正确价值观念、激发创造活力以及促进社会和谐等方式，文艺创作为人们提供追求美好生活的目标和方向、形成正确的价值观念和道德观念、激发创造力和想象力、推动社会风气的改善和进步。要加强对文艺创作的重视和支持力度，推动文艺事业繁荣发展。

第四节　文化提升，文明引领

在文化不断进步和发展的坚实基础上，我们迎来了推动文明更新与演进的历史性机遇。随着时代的变迁和科技的飞跃，文化也在不断地自我革新、自我超越，为文明的演进注入了源源不断的活力。

在中国式现代化的伟大历史进程中，一种新的人类文明形态正在中国大地上悄然诞生。这种新文明形态，不是对旧有文明的简单复制或模仿，而是在继承中发展、在发展中创新，形成独具特色的文化内涵和精神特质。它融合古今中外的优秀文化元素，汲取人类文明的精华，展现人类智慧的无限可能。

文明新形态不仅体现了文化的繁荣和创新，更在深层次上引领着人类文明的进步方向。它倡导多元共融、和谐共生的文化理念，鼓励不同文化之间的交流互鉴，推动文化多样性的展现和传承。在这种新文明的引领下，人类社会将更加尊重和理解不同文化之间的差异，更加珍视和维护文化的多样性，共同构建人类命运共同体。

同时，文明新形态也为人类社会的发展提供了新的精神动力和价值引领。它强调人的全面发展和社会进步相协调，倡导以人为本的发展理念，关注人的精神世界和价值追求。在这种新文明的熏陶下，人们将更加注重自身的道德修养和精神提升，更加追求真理、善良和美好，形成积极向上的社会风尚。

此外，新文明形态还积极应对全球性挑战，提出具有前瞻性和建设性的解决方案。它倡导绿色低碳、可持续发展的发展模式，推动人与自然和谐共生；它强调公平正义、合作共赢的国际关系准则，维护世界和平与稳定。这种新文明形态不仅为人类社会的发展指出方向，也为解决全球性问题提供有益的思路和借鉴。

伴随着中国式现代化，中华大地上出现的人类文明新形态是文化不断进步和发展的必然结果，它体现了人类文明的繁荣和创新，引领着人类社会的进步方向。在这种文明新形态的引领下，我们将共同创造更加美好的未来，为人类社会的发展贡献新的智慧和力量。

一、文化的进步与文明的演进

人类文明的演进是一个复杂而漫长的过程，其中文化作为社会发展的重要驱动力，始终贯穿其中。文化不仅是一个民族或社会的精神标识，更是推动文明进步的重要力量。随着历史的发展，文化的进步不断推动着文明的演进，从原始文明到农业文明，再到工业文明，乃至现代文明，文化始终扮演着不可替代的角色。此部分将深入探讨文化的进步与文明的演进之间的关系，以期为理解人类文明的发展提供新的视角。

根据前文的论述，文化是人类在社会历史实践活动中创造的物质与精神财富的集合体，涵盖语言、文字、风俗习惯、宗教信仰、艺术形式、道德规范、法律制度等诸多方面，是人类社会独有的现象。文化既是人类实践活动的结晶，也是人类进行活动所依赖的背景和条件，深刻影响着人们的思维模式、行为方式以及价值观念。文明与文化紧密相连，但又存在差异。文明一般指的是人类社会进步所达到的状态及其所取得的成就，是人类在改造自然界、社会及自身过程中获得的物质与精神成果的总称。文明标志着人类社会发展的高级阶段，是文化发展到一定高度的必然产物。文明具有鲜明的历史阶段性特征，不同的历史时期和社会环境会孕育出各具特色的文明形态。

文化多样性对文明演进十分重要。首先，文化多样性是人类文明演进的重要特征之一。不同地区、不同民族的文化各具特色，相互借鉴、交流和融合，形成丰富多彩的人类文明。文化多样性不仅丰富了人类的精神生活，也为社会进步提供了重要动力。其次，文化多样性促进文化创新。文化多样性为文化创新提供丰富的资源和灵感。不同文化之间的交流和融合，能够激发新的文化创意和灵感。例如，中国的四大发明（造纸术、火药、印刷术、指南针）就是在不同文化之间的交流和融合中产生的。这些发明不仅推动中国的科技进步和文化发展，也对世界文明的发展产生了深远影响。此外，文化多样性维护社会稳定。文化多样性有助于维护社会稳定和促进社会和谐。不同文化之间的交流和融合，能够增进不同民族、不同地区人民之间的相互理解和尊重。通过文化交流和融合，可以消除误解和偏见，增进共识和团结，从而维护社会稳定和促进社会和谐。文化多样性也为经济发展提供重要支撑。不同文化之间的交流和融合，能够激发新的经济创意和商业模式。例如，旅游业的发展就离不开文化多样性的支撑。不同地区的文化特色和风土人情吸引了大量游客前来观光旅游，从而带动当地经济的发展。

随着全球化的深入发展，现代文明面临着前所未有的挑战和机遇。一方面，全球化促进不同文化之间的交流和融合，为文化的多样性和创新性提供广阔的空间；另一方面，全球化也带来文化同质化、文化冲突等问题，对文化的多样性和独特性构成威胁。

文化同质化、文化冲突、文化认同危机是现代文明面临的主要挑战。全球化进程中，西方文化和消费主义文化的广泛传播，使得一些地区和民族的文化特色逐渐淡化甚至消失。文化同质化不仅削弱了文化的多样性和创新性，也对社会的稳定与和谐构成威胁。全球化进程中，不同文化之间的交流和融合也带来文化冲突的问题。由于历史、宗教、政治等方面的原因，不同文化之间可能存在误解和偏见，从而引发文化冲突和矛盾。文化冲突不仅影响国际关系的和谐与稳定，也对全球文明的发展构成挑战。全球化进程中，一些地区和民族的文化认同面临危机。随着外来文化的涌入和本土文化的淡化，一些地区和民族的文化认同逐渐模糊甚至消失。

同时，现代文明的前进也充满着机遇。第一，文化交流不断深化。全球化促进不同文化之间的交流和融合，为文化的多样性和创新性提供广阔的空间。通过文化交流，人们可以更加深入地了解不同文化的内涵和价值，从而增进相互理解和尊重。文化交流的深化有助于推动全球文明的发展和进步。第二，文化创新得到大力推动。全球化进程中，不同文化之间的交流和融合也激发了新的文化创意和灵感。通过借鉴和融合不同文化的元素和特点，可以创造出具有独特魅力和价值的文化成果。文化创新的推动有助于丰富人类的精神生活和提高社会的文明程度。第三，全球化进程中，文化产业得到快速发展。文化产业的兴起不仅为经济增长提供新的动力源泉，也为文化的传播和创新提供重要平台。通过发展文化产业，可以推动文化的多样性和创新性发展，促进全球文明的发展和进步。

综上所述，文化的进步与文明的演进是密不可分的。文化的进步不断推动着文明的演进，从原始文明到农业文明，再到工业文明，乃至现代文明，文化始终扮演着不可替代的角色。同时，文化多样性也是人类文明演进的重要特征之一，它为文化创新、社会稳定和经济发展提供重要支撑。然而，在现代化、国际化进程中，现代文明也面临着文化同质化、文化冲突和文化认同危机等挑战。为了应对这些挑战并抓住机遇，我们需要加强文化交流与合作，推动文化创新与发展，同时保护和传承本土文化的独特性和多样性。只有这样，我们才能共同推动全球文明的发展和进步。

二、中国式现代化开创人类文明新形态

习近平总书记在庆祝中国共产党成立 100 周年大会上指出："我们坚持和发展中国特色社会主义，推动物质文明、政治文明、精神文明、社会文明、生态文明协调发展，创造了中国式现代化新道路，创造了人类文明新形态。"① 这一重要论述深刻揭示了中国式现代化在人类文明发展史上的重要地位和作用。中国式现代化不仅是中国自身发展的必然选择，也是对人类文明新形态的重大贡献。此部分将从历史背景、理论创新和实践探索等方面，全面探讨中国式现代

---

① 习近平：《在庆祝中国共产党成立 100 周年大会上的讲话》，《人民日报》2021年 7 月 2 日。

化如何开创了人类文明新形态。

近代以来，中国遭受了前所未有的劫难，国家蒙辱、人民蒙难、文明蒙尘。为救亡图存，中国人只能开始向西方学习。中国的现代化，经历过洋务运动、戊戌变法、清末新政、辛亥革命、五四新文化运动等探索，总体上说，都是在西方资本主义文明框架内追求和探索现代化道路的。然而，这些探索并未能成功引领中国走向现代化。中国共产党的成立，为中国的现代化道路提供了新的选择和方向。中国共产党自成立之日起，就把为中国人民谋幸福、为中华民族谋复兴作为自己的初心使命，团结带领中国人民不懈探索救亡图存和实现现代化的道路。党的十八大以来，我们党在理论和实践上创新突破，成功推进和拓展了中国式现代化。

中国式现代化深深植根于中华优秀传统文化，体现科学社会主义的先进本质，借鉴吸收一切人类优秀文明成果，代表人类文明进步的发展方向。它坚持以人民为中心的发展理念，为中国人民谋幸福、为世界人民谋福祉。人民是历史的创造者，是中国特色社会主义和中国式现代化的建设者，是推动人类文明进步的决定性力量。发展为了人民，发展依靠人民，发展成果由人民共享，促进人的自由全面发展，助益人类文明的共同进步。中国式现代化是物质文明、政治文明、精神文明、社会文明、生态文明协调发展的现代化。这"五大文明"相互依存、相互促进，共同构成中国式现代化的完整体系。物质文明是基础，政治文明是保障，精神文明是灵魂，社会文明是支撑，生态文明是条件。中国式现代化强调这"五大文明"的协调发展，旨在实现经济社会的全面进步和人的全面发展。中国式现代化还提出了新发展理念，即创新、协调、绿色、开放、共享。新发展理念不仅是中国式现代化发展的指导思想，也是对人类文明新形态的重大贡献。创新是引领发展的第一动力，协调是持续健康发展的内在要求，绿色是永续发展的必由之路，开放是国家繁荣发展的必由之路，共享是中国特色社会主义的本质要求。这些新发展理念为中国式现代化注入了新的活力和动力，也为全球文明的发展提供了新的思路和启示。

中国式现代化直接推动了人类文明新形态的创造。首先，中国式现代化道路的成功实践，为世界上那些既希望加快发展又希望保持自身独立性的国家和民族提供全新选择。它打破西方现代化模式的唯一性，展示了不同国家根据自身国情探索现代化道路的多样性和可能性。其次，中国式现代化创造的人类文明新形态，与全球其他文明相互借鉴、相互融合，极大丰富世界文明"百花园"。它不仅展示了中华文明的独特魅力和价值，也为全球文明的发展提供了新的思路和启示。此外，中国式现代化在推动经济社会发展的同时，也注重解决人类社会发展的诸多难题。例如，在经济发展方面，中国注重推动经济结构调整和转型升级，加快构建新发展格局；在环境保护方面，中国注重推动绿色发展、循环发展、低碳发展；在社会治理方面，中国注重推动社会治理创新和社会文明进步等。这些实践探索不仅为中国自身的发展提供有力保障，也为全球文明的发展提供新的思路和启示。

　　进一步而言，以中国式现代化创造人类文明新形态的价值意蕴宏大且深远。首先，这一理念满足人民群众对美好生活的向往与期许。文化既是凝聚人心的精神纽带，又是增进民生福祉的关键因素。人类文明新形态并不是高高在上、抽象晦涩的理论，而是寓于中国人民乃至世界人民的日常生活中。马克思主义提出的最终建立一个没有压迫、剥削，人人平等、自由的理想世界，鼓舞和激励着世界上追求美好未来的人们。无论处于顺境还是逆境，中国共产党始终坚守为中国人民谋幸福、为中华民族谋复兴的初心使命。其次，这一理念体现着建设社会主义现代化强国，实现中华民族伟大复兴的题旨。中国式现代化的一个突出特色，就是物质文明和精神文明相协调的现代化。没有先进文化的积极引领，没有人民精神世界的极大丰富，没有民族精神力量的不断增强，一个国家、一个民族不可能屹立于世界民族之林。我们越是接近中华民族伟大复兴的宏伟目标，越需要准备付出更为艰巨的努力。这要求我们在建设中国式现代化的实践中不断丰富和发展人类文明新形态，为全面推进中华民族伟大复兴提供更为强大的精神力量。此外，这一理念拓展了实现全人类共同价值、构建人类命运共同体的路径。中国共产党领导人民创造的人类文明新形态，与西方的资本主义文明形态不同，是一种关注人类前途命运，追求兼济天下、协和万邦的文明形态，由此打破了文明形态的"西方中心论"，为构建人类命运共同体、为应对全球共同挑战，贡献了中国智慧、中国方案、中国力量，拓展了构建人类命运共同体、实现全人类共同价值的路径，赋予了人类文明新的价值内涵。①

　　由此，中国式现代化对全球文明同样具有重大的启示和借鉴意义。第一，每个国家都有自己的国情和历史文化传统，因此不能照搬照抄其他国家的发展模式。中国式现代化道路的成功实践告诉我们，只有坚持走符合自身国情的发展道路，才能实现现代化。第二，中国式现代化强调物质文明、政治文明、精神文明、社会文明、生态文明协调发展，旨在实现经济社会的全面进步和人的全面发展。这一理念对于全球文明的发展具有重要的启示和借鉴意义。第三，中国式现代化坚持和平发展道路，倡导对话弥合分歧、以合作化解争端，坚决反对一切形式的霸权主义和强权政治。这一理念对于构建人类命运共同体、推动全球文明的发展具有重要的启示和借鉴意义。

　　中国式现代化开创了人类文明新形态，不仅是中国自身发展的必然选择，也是对人类文明新形态的重大贡献。它以人民为中心的发展理念、推动"五大文明"协调发展的独特路径、提出新发展理念的创新思维，以及在经济建设、政治文明建设、精神文明建设、社会文明建设和生态文明建设等方面的实践探索，都展示了中国式现代化在人类文明发展史上的重要地位和作用。同时，中国式现代化对全球文明的启示和借鉴意义也为我们提供了宝贵的经验和智慧。

---

　　①　孟建、卢秋竹：《试论人类文明新形态理念的传播价值与传播策略》，《视听理论与实践》2023 年第 4 期。

要继续坚持和发展中国式现代化道路，为人类文明进步作出更大的贡献。

三、通过创造人类文明新形态实现全人类共同价值

在全球化日益加深的今天，不同文明之间的交流互鉴成为推动人类社会进步的重要力量。面对世界百年未有之大变局，中国提出《全球文明倡议》，旨在促进不同文明之间的包容共存、交流互鉴，为推动构建人类命运共同体提供新的思路与方案。

全人类共同价值是人类命运共同体的价值理念，既反映了世界文明的最新成果，也是中国向世界贡献出的智慧结晶。全人类共同价值反映的是不同个体、民族、国家之间的共性，不是某个地域特殊价值的人为提升，而是人类在认识和改造世界的过程中、在各民族文化交流和融合的过程中自然形成的。具体而言，全人类共同价值包括和平、发展、公平、正义、民主、自由六个方面。和平是人类文明存续的前提条件，是全人类共同命运的根本支撑；发展是人类文明演进的内涵主题，是全人类共同奋进的实践主导；公平是人类文明传承的内在基因，是全人类共同生存的基础原则；正义是人类文明进步的重要保障，是全人类共同追求的道德标准；民主是人类文明进步的动力源泉，是全人类共同拥有的神圣权利；自由是人类文明跨越的自然路径，是全人类共同追求的价值指引。

全人类共同价值的意义在于，它超越了地域、民族、国家的界限，成为连接世界各国人民的共同纽带。在全球化日益加深的今天，

不同文明之间的差异和冲突日益凸显，而全人类共同价值则为解决这些问题提供了重要的价值导向。它倡导各国人民相互尊重、平等相待、合作共赢，共同推动人类文明的发展和进步。[①]

人类文明新形态是中国共产党带领中国人民在探索中国式现代化道路的过程中创造出的新成果。它在继承传统社会主义文明形态合理原则的基础上，依据时代发展要求有所继承、有所突破、有所创新，为人类文明发展开辟新道路、提供新样态。

人类文明新形态的特征主要包括以下几个方面。第一，全面性。人类文明新形态协调推动物质文明、政治文明、精神文明、社会文明、生态文明的全面发展，不仅关注经济增长，还注重社会公平、环境保护、文化繁荣等多方面的协调发展。第二，包容性。人类文明新形态倡导和而不同、兼收并蓄的文明交流。尊重世界文明多样性，主张不同文明之间应该平等相待、相互尊重、交流互鉴，共同推动人类文明的发展和进步。第三，创新性。人类文明新形态在继承传统的基础上不断创新。结合时代发展的新要求，不断探索新的发展模式、新的治理理念、新的文化形态等，为人类文明的发展注入了新的活力。第四，人民性。人类文明新形态坚持以人民为中心的发展理念。强调发展是为了人民，发展的成果应该由人民共享。这种人民性的价值导向使得人类文明新形态更加符合广大人民群众

[①]　孟建、卢秋竹:《试论人类文明新形态理念的传播价值与传播策略》,《视听理论与实践》2023 年第 4 期。

的根本利益。

构建人类文明新形态与实现全人类共同价值之间存在着紧密的内在联系。一方面，构建人类文明新形态是实现全人类共同价值的重要途径；另一方面，实现全人类共同价值也是构建人类文明新形态的重要目标和价值导向。人类文明新形态的全面性、包容性、创新性和人民性特征为实现全人类共同价值提供重要的支撑。通过推动物质文明、政治文明、精神文明、社会文明、生态文明的全面发展，人类文明新形态为实现和平、发展、公平、正义、民主、自由等全人类共同价值创造有利条件。同时，人类文明新形态的包容性特征促进不同文明之间的交流互鉴，有助于增进各国人民之间的相互理解和信任，为实现全人类共同价值奠定坚实基础。同时，全人类共同价值是人类文明新形态的核心价值理念。在构建人类文明新形态的过程中，坚持以全人类共同价值为导向，确保发展的方向和目标是符合全人类的共同利益的。同时，实现全人类共同价值也是检验人类文明新形态成功与否的重要标准。只有在实现全人类共同价值的过程中，人类文明新形态才能真正得到各国人民的认可和支持。

《全球文明倡议》是中国向世界提出的又一重要国际公共产品，为促进人类文明交流互鉴注入了强大动力。它倡导尊重世界文明多样性、弘扬全人类共同价值、重视文明传承和创新、加强国际人文交流合作等，为构建人类文明新形态、实现全人类共同价值提供了重要的实践路径和意义。

第一，《全球文明倡议》强调尊重世界文明多样性，主张不同文明之间应该平等相待、相互尊重、交流互鉴。这一主张符合人类文明新形态的包容性特征，有助于增进各国人民之间的相互理解和信任，为推动构建人类命运共同体奠定坚实的基础。在实践路径上，倡导各国加强文明交流互鉴，通过举办文化展览、学术研讨会、艺术表演等多种形式的活动，增进各国人民之间的相互了解和友谊。同时，各国还可以通过加强教育、旅游等领域的合作，推动不同文明之间的交流互鉴和融合发展。

第二，《全球文明倡议》倡导弘扬全人类共同价值，主张以宽广胸怀理解不同文明对价值内涵的认识，不将自己的价值观和模式强加于人，不搞意识形态对抗。这一主张符合人类文明新形态的人民性特征，有助于推动各国人民共同追求和平、发展、公平、正义、民主、自由等全人类共同价值。在实践路径上，倡导各国加强在价值观领域的交流与合作，共同推动全人类共同价值的传播和践行。各国可以通过加强教育、媒体等领域的合作，推动全人类共同价值的普及和深入人心。同时，各国还可以通过加强国际合作机制的建设，共同推动全球治理体系的变革和完善，为实现全人类共同价值提供有力的制度保障。

第三，《全球文明倡议》倡导重视文明传承和创新，主张充分挖掘各国历史文化的时代价值，推动各国优秀传统文化在现代化进程中实现创造性转化、创新性发展。这一主张符合人类文明新形态的创新性特征，有助于推动各国优秀传统文化的传承和发展，为人类文明的发展注入新的活力。在实践路径上，倡导各国加强在文化遗产保护、文化传承与创新等领域的合作，共同推动各国优秀传统文化的传承和发展。各国可以通过加强文化交流与合作，推动不同文明之间的互鉴与融合，为各国优秀传统文化的创新性发展提供新的思路和方案。同时，各国还可以通过加强教育、科研等领域的合作，推动各国优秀传统文化在现代化进程中的创造性转化和创新性发展。

第四，《全球文明倡议》倡导加强国际人文交流合作，主张探讨构建全球文明对话合作网络，丰富交流内容，拓展合作渠道，促进各国人民相知相亲，共同推动人类文明发展进步。这一主张符合人类文明新形态的包容性特征，有助于增进各国人民之间的相互了解和友谊，为推动构建人类命运共同体提供重要的人文支撑。在实践路径上，倡导各国加强在教育、科技、文化、旅游等领域的合作，共同推动国际人文交流合作的深入发展。各国可以通过加强教育领域的合作，推动各国学生之间的交流与互访；通过加强科技领域的合作，推动各国科技人员之间的合作与交流；通过加强文化领域的合作，推动各国文化艺术的交流与互鉴；通过加强旅游领域的合作，推动各国人民之间的旅游往来和人文交流。

通过构建人类文明新形态实现全人类共同价值是一个长期而艰巨的任务。中国提出的《全球文明倡议》为推动构建人类文明新形态、实现全人类共同价值提供重要的思路与方案。在实践中，应积极响应《全球文明倡议》的号召，努力加强文明交流互鉴、弘扬全人类共同价值、重视文明传承和创新、加强国际人文交流合作，这样才能共同推动人类文明的发展和进步，为实现全人类共同价值贡献智慧和力量。

第五节　文化认同，多元一体

中华民族是一个历史悠久、文化灿烂的伟大民族，是由众多民族共同组成的统一整体。在中国这片广袤的土地上，各民族相互依存、紧密相连、不可分割，共同书写着中华民族辉煌壮丽的篇章。中华民族的多元一体格局，是历史长河中各民族交流交融、共生共荣的结晶，是中华文化源远流长、博大精深的生动体现。

增强各民族对中华民族的认同感和归属感，是维护中华民族多元一体格局的关键所在。只有各民族都深刻认识到自己是中华民族大家庭中的一员，都自觉地把个人的命运与中华民族的命运紧密联系在一起，才能形成强大的民族凝聚力和向心力。这种认同感和归属感，是一种情感的寄托，更是一种责任的担当、一种对中华民族未来发展的坚定信念。

为了促进各民族像石榴籽一样紧紧抱在一起，要不断深化民族团结进步教育，加强各民族之间的文化交流与融合。通过举办各种形式的民族文化活动，让各民族在欢歌笑语中增进了解、加深友谊，让中华民族的文化瑰宝在相互学习中得以传承和发扬。同时，积极推动各民族在经济、社会、文化等各领域的全面发展，让各民族人民都能享受到改革发展的成果，感受到中华民族的温暖和力量。

共同团结奋斗、共同繁荣发展，是中华民族多元一体格局的必然要求。坚持各民族一律平等，保障各民族合法权益，促进各民族共同繁荣发展。在全面建设社会主义现代化国家的新征程上，各民族携手并进、共同努力，为实现中华民族伟大复兴的中国梦贡献智慧和力量。

维护中华民族多元一体的格局，需要每一个人的共同努力。无论什么民族，都要以中华民族的整体利益为重，自觉维护民族团结和社会稳定。我们要像爱护自己的眼睛一样爱护民族团结，像珍视自己的生命一样珍视民族团结，让中华民族多元一体的格局更加牢固、更加美好。

一、增强各民族对中华民族的认同感与归属感

中华民族在长期的历史发展过程中形成了你中有我、我中有你，谁也离不开谁的多元一体格局。增强各民族对中华民族的认同感与归属感，对于维护国家统一和民族团结，促进各民族共同团结奋斗、共同繁荣发展具有重大意义。

第一，加强历史文化教育，深化对中华民族共同体的认知。各民族在其历史发展过程中创造了丰富多彩的传统文化，这些文化是各民族共同体认同的根脉所在。应深入挖掘民族传统文化内容，整理、保护本地区物质与非物质遗产资料，守护精神家园，增进各民族对中华文化的认同感和自豪感。例如，翻译整理文化典籍和民族

古籍文献，保护历史文物、遗迹，传承雕塑、剪纸、戏剧等民俗文化，这些措施有助于各民族更好地了解自己的文化根源，从而增强对中华民族的认同感。

同时，教育在增强各民族对中华民族的认同感与归属感方面发挥着重要作用，将中华民族共同体意识教育纳入国民教育体系，从娃娃抓起，培养青少年对中华民族的认同感。在学校教育中加强中华民族历史、文化、国情和民族团结教育，将历史和文化纳入教育课程的核心内容，确保青少年一代真正弄清"一个民族、一个国家，必须知道自己是谁，是从哪里来的，要到哪里去，想明白了、想对了，就要坚定不移朝着目标前进"[1]这一本源问题。此外，应当丰富教材资源，编写丰富多样、客观准确的历史文化教材，包括对传统文化、历史事件和伟大人物的介绍，使学生不断深化对中华民族悠久历史的共同认知认识。同时，要强化师资培训，提供针对历史文化教育的专业培训，培养一支政治坚定、业务精湛、敬业爱岗、以身作则的教育工作者队伍。

第二，推进民族团结进步事业，维护和谐民族关系。一是深化民族团结进步教育，即以社会主义核心价值观为指导，促进各民族间的交流与融合，维护相互尊重、理解和支持的民族关系。通过加强民族团结进步教育，让各族群众认识到大家都是中华民族大家庭中的平等一员，共同创造了中华文明的辉煌历史。通过举办民族团

---

[1] 《习近平谈治国理政》第1卷，外文出版社2018年版，第171页。

结进步创建活动，树立典型、表彰先进，营造民族团结的浓厚氛围。

二是加快构建互嵌式社会结构，这是提升各族居民社区文化认同的有效途径。充分发挥基层党组织的作用，加强对基层政权建设和社区治理的指导协调，建立健全各族群众共同参与社区治理的工作机制。通过举办社区文化活动，鼓励传统文化传承、民族艺术表演、非物质文化遗产展示等各类民族特色文化交流，让各族居民在社区参与中感受中华民族的多元文化魅力，促进各族群众间相互了解和彼此尊重，不断增强社区居民的归属感和责任感。

此外，提升对口支援工作质效。对口支援工作是增进各民族对中华民族认同感与归属感的重要方式。深化对口支援工作内涵，通过教育培训、技术转移、人才培养等方式，增强受援地自我造血和自我发展能力，提升受援地持续保障和改善民生水平，夯实各族人民共同富裕的制度基础。同时，加强基层一线干部交流，完善领导干部异地培训机制，促进援受双方党员领导干部思想理念、工作方式方法相互借鉴学习，不断提升干事创业能力和水平。

第三，弘扬中华文化，增强文化自信和认同感。一是加强对中华文化的保护、传承与创新。中华文化是各民族共同的精神家园，要使各族群众更深刻地认识和认同中华文化的精髓和独特性。通过整理、保护、传承各民族优秀的文化遗产，包括非物质文化遗产和物质文化遗产，让历史悠久、底蕴丰厚的文化遗产成为各族人民共享的精神财富，成为传承民族精神、连接历史与现实的纽带。

二是鼓励支持各民族保护和传承自己的优秀传统文化，包括语言、文字、民间艺术、传统习俗等，充分激发全民族文化创新创造活力。通过举办各类文化活动、展览、讲座等，让文化遗产走进大众视野，丰富人民群众的精神文化生活。同时，鼓励文化创意产业的发展，将文化遗产元素融入现代设计，创新文化产品，实现文化遗产的当代价值转化。

三是深化国际交流与合作，以此增进与世界各国在文化遗产保护与研究方面的交流互鉴，展示我国丰富多彩的文化遗产，增强民族文化自信，激发全民族的文化创造力，有助于提升中华文化的国际影响力，增强对中华民族的认同感和归属感。

第四，加快民族地区经济社会发展，提升各族群众生活水平。一是加大政策与资金支持。民族地区经济社会发展是增强各民族对中华民族认同感与归属感的重要基础。要加大政策与资金支持力度，提升民族地区经济发展水平。通过制定一系列优惠政策和扶持措施，帮助民族地区加快发展步伐，提高各族群众的生活水平。

二是关注民生福祉。在加快民族地区经济社会发展的同时，关注民生福祉，解决好各族群众最关心、最直接、最现实的利益问题。通过加强基础设施建设、改善生产生活条件、提高教育医疗水平等措施，让各族群众切实感受到党和政府的关怀和温暖，从而增强对中华民族的认同感和归属感。此外，注重生态环境保护与传统文化传承。加快民族地区经济社会的发展，通过实施可持续发展战略，保护好民族地区的生态环境和自然资源，为各族群众提供宜居宜业的生活环境。同时，加强对传统文化的保护和传承，让各族群众在现代化进程中依然能够感受到自己文化的魅力和价值。

第五，加强党的领导，确保民族工作正确方向。一是确保党的领导在民族工作中的核心地位。党的领导是做好民族工作的根本保证，在民族工作中位于核心地位。完善民族工作体制机制，促使各级党委和政府切实履行民族工作责任，确保政策落实。通过加强党的领导，确保民族工作始终沿着正确的方向前进，为实现各民族共同团结奋斗、共同繁荣发展提供坚强的政治保证。

二是加强民族团结进步宣传教育，以此引导各族群众深刻认识到民族团结是国家稳定、社会和谐、人民幸福的重要基础。要利用各种宣传渠道和平台，广泛宣传民族团结进步事业的重要性和必要性，让各族群众在思想上、行动上同党中央保持高度一致。更重要的是，坚决反对一切分裂祖国、破坏民族团结与社会和谐稳定的行为。通过加强法治建设和社会管理创新等措施，维护社会稳定和民族团结大局。对于任何企图分裂祖国、破坏民族团结的行为要依法严厉打击，绝不姑息迁就。

增强各民族对中华民族的认同感和归属感是一个系统工程，需要全社会的共同努力。通过加强历史文化教育、推进民族团结进步事业、弘扬中华文化、加快民族地区经济社会发展以及加强党的领导等，构建起一个各民族和睦相处、和衷共济、和谐发展的美好局面。这将为实现中华民族伟大复兴的中国梦提供强大精神支撑和坚实社会基础。

二、构筑中华民族共有精神家园

中华民族共有精神家园，是指整个中华民族可以共同依托、共同传承的文化根基、价值观念和精神信仰的总和。它是中华民族的精神支柱、情感寄托和心灵归宿，是中华民族赖以生存和发展的精神财富，是中华民族生生不息、团结奋进的精神动力。

构筑中华民族共有精神家园，有助于不断推动民族团结进步。推动民族工作要依靠两种力量，一种是物质力量，一种是精神力量。不断构筑中华民族共有精神家园，有助于各民族人心归聚、精神相依，形成人心凝聚、团结奋进的强大精神纽带。中华民族共有精神家园能够将各族人民紧密团结在一起，共同为中华民族的伟大复兴而努力奋斗。

构筑中华民族共有精神家园，是实现中华民族伟大复兴的精神动力。党的二十大宣布，党的中心任务就是团结带领全国各族人民全面建成社会主义现代化强国、实现第二个百年奋斗目标，以中国式现代化全面推进中华民族伟大复兴。中华民族共有精神家园的建设有利于推动中华文化的发展进入新阶段，促进中华文化的传播与繁荣。文化作为国家综合实力的重要组成部分，为中华民族的伟大复兴提供强大支撑，是国家发展的内在动力。构筑中华民族共有精神家园，能够激发各族人民的爱国热情和创新精神，为中华民族的伟大复兴提供源源不断的精神动力。

构筑中华民族共有精神家园，要增强文化认同，铸牢中华民族共同体意识。文化认同是最深层次的认同，是民族团结之根、民族和睦之魂。因此，要着眼于中华文明具有的连续性、创新性、统一性、包容性、和平性，在深刻理解把握中华文明深厚底蕴和独特优势的基础上，为构筑中华民族共有精神家园提供坚实的精神和文化基础。广泛开展党史、新中国史、改革开放史、社会主义发展史、中华民族发展史宣传教育，用共同理想信念凝心铸魂，深入培育和践行社会主义核心价值观。通过加强历史文化教育，使各族群众对中华文化和中华民族产生强烈的认同感和归属感。

挖掘中华文化符号，构建视觉表达体系。深入挖掘各民族共享的中华文化符号和民族形象，如长江、长城、黄河、故宫、汉服等，通过构建系统、完整的视觉表达体系，唤起全体中华儿女的心灵共鸣。这些中华文化符号和民族形象是中华民族的象征和骄傲，是连接各族人民情感的桥梁和纽带。要广泛宣传和传播这些符号和形象，增强各族群众对中华文化和中华民族的认同感和自豪感。

促进各民族广泛交往交流交融，构建互嵌式社会环境。鼓励各民族人口流动与融居，通过实施"各族青少年交流计划""各族群众互嵌式发展计划"等，全面开展民族团结交融行动。以民族示范社区、民族示范园区、民族示范景区建设为抓手，全面推动互嵌式社会环境构建，增进各族群众对中华民族共有精神家园的情感归属。促进各民族广泛交往交流交融，增进相互了解和信任，打破隔阂和偏见，形成团结友爱、和谐共处的良好氛围。

推广普及国家通用语言文字，营造良好语言环境。文化的主要载体是语言文字，中华民族的形成和发展离不开汉文字的维系。语言文字是载体、是桥梁、是纽带、是钥匙，在国家和民族内部起着凝聚人心、增进认同的重要作用。认真做好推广普及国家通用语言文字工作，全面推行使用国家统编教材，以语言相通促进心灵相通、命运相通。推广普及国家通用语言文字，打破语言障碍，促进各族群众之间的交流和沟通，增强中华民族的凝聚力和向心力。

打造文化精品，提升国家美誉度和影响力。聚焦中华文化主题，坚持思想性、艺术性、观赏性的有机统一，下功夫推出一批具有中华文化底蕴、充分汲取各民族文化营养、融合现代文明形态的影视作品、文学作品、音乐作品等，用独特的艺术语言讲好中华民族的故事，展示中华民族的形象。文化精品应该是深入挖掘中华优秀传统文化和各民族特色文化的结果，既要体现中华文化的深厚底蕴，又要展现各民族文化的独特魅力。打造文化精品，让世界更加了解中华民族的文化和历史，提升国家的美誉度和影响力，增强中华民族的文化自信和自豪感。同时，加强文化产业的创新发展，推动文化与科技、旅游、教育等产业的深度融合，打造具有核心竞争力的文化产品和品牌，提高中华文化的国际传播力和影响力。文化产业的创新发展，让中华民族的文化更加生动、形象地走向世界，让更多的人感受到中华民族的文化魅力和精神风貌。

发挥传统节日作用，弘扬中华优秀传统文化。传统节日是中华优秀传统文化的重要组成部分，是传承和弘扬中华民族精神的重要载体。充分利用春节、端午节、中秋节等传统节日，组织开展丰富多彩的文化活动，让各族群众在欢乐祥和的氛围中感受到中华文化的独特魅力和深厚底蕴。在传统节日的庆祝活动中，注重融入现代元素和创新形式，让传统节日更加贴近时代、贴近生活、贴近群众。同时，要加强传统节日文化的宣传和教育，让更多的人了解传统节日的历史渊源、文化内涵和时代价值，增强对中华优秀传统文化的认同感和自豪感。

构筑中华民族共有精神家园是一项长期而艰巨的任务，需要全党全国各族人民的共同努力。增强文化认同，铸牢中华民族共同体意识；挖掘中华文化符号，构建视觉表达体系；促进各民族广泛交往交流交融，构建互嵌式社会环境；推广普及国家通用语言文字，营造良好语言环境；打造文化精品，提升国家美誉度和影响力；发挥传统节日作用，弘扬中华优秀传统文化。

通过这些举措的实施，我们可以不断推动中华民族共有精神家园的建设和发展，让中华民族的精神文化更加繁荣昌盛，为中华民族的伟大复兴提供强大的精神动力和文化支撑。

三、维护中华民族多元一体的格局

中华民族多元一体的格局是著名社会学家和人类学家费孝通提出的理论，深刻揭示了中华民族在历史长河中形成的多元文化共存与统一发展的独特现象。这一格局的形成是各民族在长期的历史发展过程中相互交流、融合的结果，是中华民族文化多样性和统一性的集中体现。然而，在全球化、现代化等外部因素的冲击下，中华民族多元一体的格局面临着诸多挑战。因此，如何维护这一格局，促进各民族团结、和谐与共同发展，成为一个亟待解决的问题。

中华民族多元一体的格局并非一朝一夕形成，而是经历了漫长的历史过程。早在远古时代，中国的各个地区就分布着众多的民族群体。这些民族群体各自发展，形成各具特色的文化。随着历史的演进，一些强大的民族逐渐崛起，通过战争、迁徙和融合，不断地改变着中国的民族格局。华夏族作为中华民族的前身，其形成过程就是一个多元融合的过程。费孝通在《中华民族多元一体格局》中指出，在春秋战国时期，华夏族通过吸收周边各族的文化和人口，逐渐壮大。秦汉时期，华夏族更是通过统一战争，将各地的民族纳入一个统一的国家体系之中。此后，历代的统一王朝都致力于推动民族融合，使得更多的民族群体融入华夏族的文化体系。

中华民族多元一体的格局具有文化多样性、政治统一性、社会和谐性、经济互补性的鲜明特点。首先，中华民族多元一体的格局最显著的特点就是文化多样性。中国拥有 56 个民族，每个民族都有自己的风俗习惯、宗教信仰、艺术形式和传统节日等。其次，尽管中华民族具有多元性，但在政治层面，各民族都认同于一个统一的国家——中国。这种政治统一性使得中华民族成为一个不可分割的整体，为各民族之间的交流和融合提供了政治保障。再次，中华民族多元一体的格局还体现在社会和谐性上。在长期的历史发展过程中，各民族之间形成相互尊重、相互包容、相互学习、相互促进的良好关系。郝时远在《中国共产党怎样解决民族问题》中阐述了这种和谐性为中华民族的团结和发展提供了社会基础。最后，中华民族多元一体的格局还体现在经济互补性上。各民族在经济活动中相互依存、共同发展。不同地区、不同民族之间的资源禀赋、产业结构和技术水平等存在差异，通过经济交流和合作，可以实现优势互补、互利共赢。

然而，当前中华民族多元一体格局仍面临诸多挑战。首先，全球化进程的加速使得各民族之间的文化交流更加频繁和深入。然而，全球化也带来一些负面影响，如文化同质化、文化霸权等。同时，在现代化进程中，各民族之间的经济、社会发展水平存在差异。现代化进程中的城市化、工业化等也可能对一些民族的传统生活方式和文化传承造成冲击。

维护中华民族多元一体的格局需要从以下五个方面着力。第一，加强民族团结教育。民族团结教育是维护中华民族多元一体格局的重要途径。学校、家庭和社会各界都应该积极参与民族团结教育，形成全社会共同关注民族团结的良好氛围。

第二，保护和传承少数民族文化。少数民族文化是中华民族多元一体格局的重要组成部分。保护和传承少数民族文化，可采取措施，如建立少数民族文化遗产保护名录、加强少数民族文化遗产的抢救和修复工作、培养少数民族文化传承人等。

第三，推动民族地区经济社会发展。民族地区经济社会发展是维护中华民族多元一体格局的重要基础。应加大对民族地区的投入和支持力度，推动民族地区的经济社会发展。通过加强基础设施建设、发展特色产业、提高教育水平等措施，缩小民族地区与其他地区之间的差距，促进各民族之间的共同发展和繁荣。

第四，加强民族立法和执法工作。民族立法和执法工作是维护中华民族多元一体格局的重要保障。加强对民族立法的研究，制定和完善与民族问题相关的法律法规。同时，应加强对民族法律法规的宣传和执行力度，确保各民族在法律面前一律平等，维护各民族的合法权益。

第五，打击民族分裂主义势力。打击民族分裂主义势力是维护中华民族多元一体格局的必然要求。要加强对民族分裂主义势力的打击力度，依法惩处从事民族分裂活动的犯罪分子。同时，加强对民族分裂主义势力的防范和监控工作，及时发现和制止其分裂破坏活动。

以云南省为例。云南省是中国少数民族最多的省份之一，拥有25个少数民族。云南省在维护中华民族多元一体的格局方面作出了积极的探索和实践。云南省高度重视民族团结教育工作，将其纳入国民教育体系和干部教育培训体系。云南省民族事务委员会在《云南省民族工作概览》中提到，通过开设民族团结教育课程、举办民族团结教育活动等形式，增强各民族之间的了解和信任。同时，云南省还积极推广"双语"教学，提高少数民族学生的汉语水平，促进各民族之间的交流和融合。云南省在保护和传承少数民族文化方面作出积极努力。通过建立少数民族文化遗产保护名录、加强少数民族文化遗产的抢救和修复工作等措施，有效地保护云南省的少数民族文化遗产。同时，积极鼓励和支持少数民族文化的创新和发展，如举办少数民族文化节庆活动、推广少数民族文化产品等，使得少数民族文化在现代社会中焕发出新的生机和活力。

云南省在推动民族地区经济社会发展方面也取得显著成效。通过加强基础设施建设、发展特色产业、提高教育水平等措施，云南省的民族地区经济社会发展水平得到显著提升。同时，积极引进外部资金和技术支持，推动民族地区的经济社会发展。这些措施的实施促进了各民族的共同发展和繁荣。云南省在民族立法和执法工作方面也取得了积极进展。制定和完善一系列与民族问题相关的法律法规，如《云南省民族乡工作条例》《云南省散居少数民族权益保障条例》等。这些法律法规的制定和实施为云南省的民族工作提供了有力的法律保障。同时，还加强对民族法律法规的宣传和执行力度，确保各民族在法律面前一律平等，维护各民族的合法权益。这些措施为云南省的民族团结和社会稳定提供了有力保障。

中华民族多元一体的格局是中华民族在历史长河中形成的独特现象，是中华民族文化多样性和统一性的集中体现。然而，在全球化、现代化等外部因素的冲击下，中华民族多元一体的格局面临着新的挑战。为了维护这一格局，促进各民族团结、和谐与共同发展，应该采取一系列措施，如加强民族团结教育、保护和传承少数民族文化、推动民族地区经济社会发展、加强民族立法和执法工作以及打击民族分裂主义势力等。这些措施的实施有助于促进各民族的团结、和谐与共同发展，为实现中华民族伟大复兴的中国梦贡献力量。

第六节　遗产保护，赓续文脉

中华民族悠久历史留下的宝贵文化遗产，是我们民族的精神财富和智慧结晶，是连接过去与未来的桥梁，是彰显民族特色和文化自信的重要基石。这些文化遗产，无论是物质形态的古建筑、文物、古籍，还是非物质形态的传统技艺、民俗风情、民间传说，都承载着中华民族的历史记忆和文化基因，是我们必须珍视和保护好的宝贵资源。

为了传承和发展这些文化遗产，必须采取有效的保护措施。这既包括对物质文化遗产的修复、保养和合理利用，如加强对古建筑的修缮、对文物的保护和研究、对古籍的整理和出版；也包括对非物质文化遗产的记录、传承和弘扬，如通过口述历史、民俗活动、传统节庆等方式，让非物质文化遗产活起来、传下去。同时，还需要加强文化遗产保护的法律法规建设，提高全社会的文化遗产保护意识，形成人人参与、共同保护的良好氛围。

在保护文化遗产的基础上，更要赓续中华文脉，让中华民族的文化基因得以延续。中华文脉是中华民族文化的精髓和灵魂，蕴含着中华民族的价值观念、思维方式、审美追求和道德准则。要通过教育、传媒、文化交流等多种途径，将中华文脉融入现代社会，让更多的人了解和认同中华文化，增强民族自豪感和文化自信心。

同时，积极推动中华文化的国际传播，让世界了解中华文化的独特魅力和深厚底蕴。通过举办文化展览、艺术节、学术论坛等活动，展示中华文化的多彩面貌和创新成果；通过加强与世界各国的文化交流与合作，推动中华文化与世界文化的相互借鉴和融合，让中华文化在世界文化之林中熠熠生辉。珍视和保护好中华民族悠久历史中留下的宝贵文化遗产，赓续中华文脉，让中华民族的文化基因得以延续，是每一个中华儿女的责任和使命。

一、保护中华民族文化遗产的重要意义

文化遗产是人类历史长河中留下的宝贵财富，承载着民族的记忆、智慧和情感。中华民族，作为一个拥有五千年文明史的伟大民族，文化遗产更是丰富多彩、博大精深。从古老的甲骨文、青铜器，到精美的瓷器、书画；从独特的建筑、园林，到丰富的民俗、节庆；从深邃的哲学思想、宗教信仰，到绚烂的文学艺术、戏曲音乐，中华民族文化遗产构成中华民族独特的文化景观和精神家园。然而，随着全球化进程的加速，中华民族文化遗产正面临着前所未有的挑战和威胁。

保护中华民族文化遗产的重要意义可以从五个方面进行分析。第一，保护中华民族文化遗产是传承民族文化的需要。文化多样性是人类文明的重要特征，也是世界文化繁荣的基石。中华民族文化遗产作为中华文化的重要组成部分，展现了中华民族独有的文化特色和精神风貌。保护中华民族文化遗产，就是维护文化多样性，促

进世界文化的交流与融合，推动人类文明的进步与发展。中华民族文化遗产是中华民族悠久历史的见证，记录了民族的发展轨迹和变迁过程。通过保护文化遗产，更好地了解和传承民族的历史与文化，增强民族自豪感和认同感。同时，文化遗产也是民族智慧与创造力的结晶，蕴含着丰富的文化内涵和精神价值，对于启迪后人、激发创新具有重要意义。中华民族文化遗产是民族文化交流的重要载体。展示和传播文化遗产，可以让世界更加了解和欣赏中华文化，促进不同文化之间的交流与互鉴。

第二，保护中华民族文化遗产是增强民族认同感的途径。文化遗产是民族身份的重要标志，是民族自豪感和归属感的源泉。保护中华民族文化遗产，可以让人们更加深刻地认识到自己作为中华民族一员的身份和地位，增强民族认同感和凝聚力。这种认同感对于维护民族团结和社会稳定具有重要意义。中华民族文化遗产蕴含着丰富的民族精神和价值观念，如爱国主义、集体主义、自强不息等。通过保护和传承文化遗产，将这些精神和价值观念传递给后代，培育他们的民族精神和爱国情怀。这对于培养新时代青年的责任感和使命感具有重要意义。保护中华民族文化遗产，可以让人们更加自信地展示和传播中华文化，增强民族文化的国际影响力和竞争力。这种自信对于提升国家文化软实力和推动文化走出去具有重要意义。

第三，保护中华民族文化遗产是促进文化创新与发展的动力。文化遗产是文化创新的重要源泉。通过深入挖掘和整理文化遗产中的优秀元素和传统文化基因,可以为文化创新提供丰富的素材和灵感。同时,保护文化遗产还可以激发人们的创新意识和创造力,推动文化产业的繁荣发展。文化产业是国民经济的重要支柱产业之一。保护中华民族文化遗产,可以为文化产业发展提供丰富的资源和市场潜力。通过开发文化遗产的旅游、影视、出版等衍生品,可以推动文化产业的升级和转型,促进经济社会的可持续发展。文化软实力是一个国家综合实力的重要组成部分。保护中华民族文化遗产,可以提升国家的文化形象和品牌价值,增强国家的文化吸引力和影响力,提升国家的国际地位和话语权。

第四,保护中华民族文化遗产是提升国家形象与国际影响力的举措。中华民族文化遗产是中华民族独特的文化瑰宝,展示了中华民族的智慧和创造力。通过保护和展示文化遗产,可以向世界展示中华文化的魅力和独特之处,提升国家的文化形象和品牌价值。文化遗产是国际文化交流与合作的重要桥梁和纽带。通过保护和传承文化遗产,可以加强与世界各国的文化交流与合作,增进相互了解和友谊,这对于推动构建人类命运共同体和促进世界和平与发展具有重要意义。一个国家的文化实力和国际影响力往往与其文化遗产的保护和传承程度密切相关。保护中华民族文化遗产,可以提升国家的文化软实力和国际影响力,增强国家在国际舞台上的话语权和竞争力,维护国家利益和推动世界多极化进程。

第五,保护中华民族文化遗产是实现可持续发展的必然要求。文化遗产是旅游业的重要资源之一。通过保护和开发文化遗产的旅游价值，可以推动旅游业的繁荣发展，促进经济增长和就业增加。同时，带动相关产业的发展，如文化创意产业、手工艺品制造业等，形成产业链和产业集群，推动经济可持续发展。文化遗产的保护和传承有助于增进民族团结和社会和谐。通过保护和展示文化遗产，可以增强民族认同感和凝聚力，促进不同民族之间的交流与融合，维护社会稳定和促进社会可持续发展。许多文化遗产与自然环境密切相关，如古建筑、古村落等。保护这些文化遗产，就是保护其所在的生态环境。通过实施文化遗产保护项目，可以推动生态环境的保护和修复工作，促进生态可持续发展。

保护中华民族文化遗产首先应当完善文化遗产保护相关法律法规，明确保护责任和义务，加大执法力度，严厉打击破坏文化遗产的违法行为。其次，加大对文化遗产保护的资金投入力度，设立专项基金支持文化遗产的保护、修复和研究工作。鼓励社会资本参与文化遗产保护项目，形成多元化的资金投入机制。同时，加强对文化遗产保护专业人才的培养和引进工作，建立完善的人才培养体系和激励机制。此外，应加强与国内外相关机构和专家的合作与交流，提升文化遗产保护的专业水平。充分利用现代科技手段对文化遗产进行保护和展示，如数字化技术、虚拟现实技术等。通过科技创新与应用，提高文化遗产保护的效率和效果。最后，加强对公众的文化遗产保护教育和宣传工作，提高公众对文化遗产保护的认识和重视程度。通过举办展览、讲座等活动，普及文化遗产保护知识，激发公众的保护意识和参与度。

二、传承中华民族文化遗产的时代需求

中华民族文化遗产是中华民族悠久历史和灿烂文明的见证，是连接过去、现在和未来的重要纽带。传承中华民族文化遗产不仅关乎民族身份和文化认同的维护，更是推动文化繁荣、增强国家文化软实力的重要途径。

今天，不同文化之间的交流与碰撞日益频繁。传承中华民族文化遗产，使民众更加深刻地认识到自己民族文化的独特价值和魅力，有助于增强民族自信。通过学习和传承文化遗产，更好地理解自己的文化根源，形成对中华民族文化的认同感和归属感，从而在多元文化环境中保持文化自觉和文化自信。中华民族文化遗产蕴含着丰富的文化资源和智慧，是文化创新的重要源泉。传承文化遗产，可以激发文化创新活力，推动文化产业繁荣发展。例如，对传统戏曲、民间工艺、传统节庆等文化遗产的挖掘与传承，不仅丰富人们的精神文化生活，也为文化产业的创新与发展提供丰富的素材和灵感。近年来，我国在文化遗产保护传承方面取得显著成就。一方面，政府高度重视文化遗产保护传承工作，出台一系列法律法规和政策措施，为文化遗产的保护提供有力保障；另一方面，社会各界也积极参与文化遗产保护传承活动，形成良好的社会氛围。通过考古发掘、遗址保护、文物保护、非物质文化遗产传承等多种方式，一批批珍贵的文化遗产得到有效的保护和传承。

然而，中华民族文化遗产的传承仍然面临挑战。首先，随着城

市化进程的加速和旅游业的蓬勃发展，一些文化遗产面临着被破坏的风险。例如，一些历史遗址在城市建设过程中被拆除或破坏，一些非物质文化遗产因传承人的流失而面临失传的危险。

其次，文化遗产的传承也面临着传承意识淡薄的问题。在现代经济社会快速发展的背景下，人们的生活方式和价值观念发生巨大变化。一些传统技艺和习俗因与现代生活脱节而被逐渐遗忘，年轻一代对文化遗产的传承意识相对淡薄。并且，当前文化遗产的传承方式相对单一，主要以静态展示和口头传授为主。这种传承方式难以适应现代社会的发展需求，限制了文化遗产的传播范围和影响力。

文化遗产保护传承工作需要大量的资金和人才支持，资金与人才的短缺成为制约文化遗产保护传承工作的重要因素。一些重要的文化遗产保护项目因资金不足而难以实施，一些非物质文化遗产因缺乏传承人而无法得到有效传承。

面对这些问题，传承中华民族文化遗产，应当增强保护意识，形成全社会共同参与的局面。通过媒体宣传、学校教育、社会活动等多种方式，普及文化遗产保护知识，提高全社会对文化遗产保护的认识和重视程度。让更多的人了解文化遗产的价值和意义，形成人人参与、人人保护的良好氛围。鼓励社会各界积极参与文化遗产保护传承工作。政府应出台相关政策措施，引导社会资本投入文化遗产保护领域；社会组织和个人可以积极参与文化遗产保护志愿活动，为文化遗产的保护传承贡献自己的力量。

创新传承方式，拓宽文化遗产传播渠道。借助现代科技手段，如数字化技术、虚拟现实技术等，将文化遗产进行数字化保存和展示。通过数字化手段，拓宽文化遗产的传播渠道和影响力，让更多人接触到、了解到传统文化遗产。将文化遗产元素融入文化创意产业，通过开发文化旅游产品、文化衍生品等方式，让文化遗产在现代社会中焕发新的活力。例如，开发以传统戏曲、民间工艺、传统节庆等为主题的文化旅游产品，吸引游客前来体验和了解传统文化遗产。

加强人才培养，为文化遗产保护传承提供有力保障。将文化遗产保护传承内容纳入教育体系，从娃娃抓起，培养年轻一代对文化遗产的兴趣和爱好。在学校开设相关课程或活动，让学生了解和接触传统文化遗产，激发他们对文化遗产的保护传承意识。对于非物质文化遗产，传承人的培养至关重要。可以出台相关政策措施，为传承人提供资金、技术和平台支持；同时，鼓励年轻人学习传统技艺和习俗，成为新的传承人。

加大资金投入，完善文化遗产保护传承机制。加大对文化遗产保护传承工作的资金投入，确保文化遗产保护传承工作的顺利进行。可以设立专项基金，用于支持文化遗产保护传承项目的实施和运营。除了政府投入外，还可以通过多元融资方式筹集资金。例如，鼓励社会资本投入文化遗产保护领域。

故宫博物院的文化遗产保护传承和景德镇陶瓷文化保护传承实践尤其值得借鉴。故宫博物院作为中国古代宫廷建筑的杰出代表，拥有丰富的文化遗产资源。近年来，故宫博物院在文化遗产保护传承方面取得显著成就。故宫博物院一方面加强对文物的保护和修复工作，确保文物的完整性和安全性。另一方面，通过数字化手段，将文化遗产进行数字化保存和展示，让更多的人接触到、了解到传统文化遗产。此外，故宫博物院还积极开发文化旅游产品和文化衍生品，将文化遗产元素融入文化创意产业，推动文化产业的繁荣发展。

景德镇陶瓷文化是中国传统文化的重要组成部分，具有悠久的历史和独特的魅力。近年来，景德镇在陶瓷文化的传承与发展方面进行积极探索。景德镇一方面加强对传统陶瓷技艺的保护和传承工作，培养了一批批优秀的陶瓷艺人。另一方面，积极引进现代科技手段，推动陶瓷文化的创新与发展。例如，景德镇陶瓷企业利用3D打印技术、智能化生产技术等现代科技手段，提高陶瓷产品的生产效率和质量水平。同时，还积极开发陶瓷文化旅游产品和文化衍生品，吸引大量游客前来体验和了解陶瓷文化。

传承中华民族文化遗产是时代的需求和历史的使命。面对当前文化遗产保护传承面临的挑战和问题，需要从增强保护意识、创新传承方式、加强人才培养和加大资金投入等方面入手，制定切实可行的策略和建议。通过全社会的共同努力和持续探索，中华民族文化遗产一定能够在现代社会焕发出新的活力与价值。

三、赓续与发扬中华民族文化基因，实现中华民族伟大复兴

中华民族文化基因，是中华民族在长期历史发展过程中形成的

具有稳定性、传承性和独特性的文化特质和精神内核。它贯穿于中华民族的思维方式、价值观念、道德准则、风俗习惯等各个方面，是中华民族区别于其他民族的重要标志。新时代，随着全球化的深入发展和文化多样性的日益凸显，赓续与发扬中华民族文化基因，不仅关乎中华民族的精神家园建设，更关系到中华民族伟大复兴的历史进程。

中华民族文化基因内涵丰富，主要包括儒家思想、道家思想、佛家思想等传统文化精髓，以及在此基础上形成的中华民族精神、价值观念、道德准则等。儒家思想强调仁爱、礼义、忠孝，注重个人修养与社会和谐；道家思想主张道法自然、无为而治，追求人与自然的和谐共生；佛家思想则倡导慈悲为怀、普度众生，注重心灵的净化与超脱。这些思想精髓共同构成中华民族文化基因的核心内容。

中华民族文化基因具有稳定性、传承性、独特性、包容性。具体而言，中华民族文化基因具有相对稳定性，能够穿越时空的界限，在历史长河中保持其独特的魅力和影响力。中华民族文化基因通过家庭、学校、社会等多种渠道进行传承，代代相传，生生不息。中华民族文化基因具有鲜明的民族特色，是中华民族独有的文化标识和精神符号。中华民族文化基因具有强大的包容性，能够吸纳和融合其他民族文化的优秀成果，不断丰富和发展自身。

中华民族文化基因之所以需要赓续与发扬，首先，能够增强民族文化自信。文化自信是一个民族、一个国家以及一个政党对自身文化价值的充分肯定和积极践行，并对其文化的生命力持有的坚定信心。赓续与发扬中华民族文化基因，有助于增强民族文化自信，使中华民族在现代化中保持独特的文化身份和民族尊严。其次，能够推动社会主义文化繁荣兴盛，这是实现中华民族伟大复兴的重要支撑。赓续与发扬中华民族文化基因，能够激发全民族文化创造活力，推动社会主义文化事业全面繁荣、文化产业快速发展，为中华民族伟大复兴提供强大的精神动力和文化支撑。此外，能够促进人的全面发展。中华民族文化基因蕴含着丰富的道德准则和价值观念，对于培养人的高尚情操、塑造健全人格具有重要作用。赓续与发扬中华民族文化基因，有助于促进人的全面发展，提高国民素质和社会文明程度。

然而，中华民族文化基因的赓续与发扬也面临诸多挑战。在现代化进程中，西方文化对中华民族文化基因的冲击日益加剧，导致一些年轻人对传统文化的认同感和归属感减弱。一些传统文化元素和价值观念被忽视或遗忘，导致文化断裂现象的出现。此外，部分传统文化在传承过程中缺乏创新，难以适应现代社会的发展需求，影响其影响力和生命力。

机遇与挑战并存，近年来，国家对传统文化的重视程度不断加深，出台了一系列政策措施来保护和传承传统文化。随着人们对传统文化的认识和了解不断加深，社会各界对传统文化的关注度也在逐渐提高。并且，现代科技手段如数字化、网络化等为传统文化的传承和创新提供了新的可能性和机遇。

就路径与策略而言，赓续与发扬中华民族文化基因，首先，需要加强传统文化教育，包括社会、学校、家庭教育三个层面。将传统文化教育纳入国民教育体系，通过课程设置、教材编写等方式加强学生对传统文化的了解和认同。利用博物馆、图书馆、文化遗址等社会资源开展传统文化教育活动，提高公众对传统文化的兴趣和参与度。重视家庭在传统文化传承中的作用，通过家庭教育和家风建设来传承和弘扬传统文化。

其次，需要着力推动传统文化创新，包括文化产品、文化传播方式、文化理论研究的创新。鼓励文化企业和创作者将传统文化元素融入现代文化产品中，如影视、音乐、动漫等，提高传统文化的吸引力和影响力。利用现代科技手段如互联网、社交媒体等创新文化传播方式，扩大传统文化的传播范围和影响力。加强对传统文化的研究和解读，挖掘其现代价值和意义，为传统文化的传承和创新提供理论支持。

再次，需要促进文化交流互鉴。应当积极参与国际文化交流活动，展示中华文化的独特魅力和价值，增进世界各国人民对中华文化的了解和认同。加强民族文化间的比较研究，借鉴其他民族文化的优秀成果，为中华文化的传承和创新提供新的思路和视角。尤其需要尊重和保护世界文化多样性，推动不同文化之间的平等对话和相互理解，共同促进人类文明的进步和发展。

最后，需要加强物质文化遗产、非物质文化遗产、文化遗产的保护与活化利用。具体而言，需要加强对文物、古迹等物质文化遗产的保护和修复工作，确保其真实性和完整性得到传承。重视非物质文化遗产的传承和保护工作，通过口述历史、表演艺术、社会实践等方式传承非物质文化遗产。另外，在保护文化遗产的基础上，积极探索文化遗产的活化利用方式，如文化旅游、文化创意产业等，实现文化遗产的社会价值和经济价值的双重提升。

近年来，《典籍里的中国》《中国诗词大会》等电视节目通过创新文化传播方式，将传统文化元素融入现代文化产品，提高了传统文化的吸引力和影响力。这些节目通过生动的表现形式和丰富的内容呈现，让观众在轻松愉快的氛围中了解和感受传统文化的魅力和价值，为传统文化的传承和创新提供了新的思路和视角。

赓续与发扬中华民族文化基因，对于增强民族文化自信、推动社会主义文化繁荣兴盛、实现中华民族伟大复兴具有重要意义。面对全球化冲击、现代化进程中的文化断裂等挑战，通过加强传统文化教育、推动传统文化创新、促进文化交流互鉴、加强文化遗产保护等路径和策略来赓续与发扬中华民族文化基因。同时，也应看到，故宫博物院的文化遗产保护与活化利用，中央电视台的《经典咏流传》《遇鉴文明》《非遗里的中国》，河南广播电视总台的《唐宫夜宴》《洛神水赋》《龙门金刚》《墨舞中秋帖》等电视节目的文化创新传播的成功案例带给我们的启示和借鉴。在新时代背景下，让我们携手共进，共同推动中华民族文化的传承和创新，为实现中华民族伟大复兴贡献智慧和力量。

第七节　传通世界，交流互鉴

加强中华文化的国际传播，必须深刻认识到，中华文化作为世界上独一无二的文化瑰宝，其深厚的底蕴、独特的魅力和丰富的内涵，值得被全世界了解和欣赏。提高中华文化在全球的知名度和影响力，不仅是对我们民族文化自信的彰显，也是推动世界文化多样性和共同繁荣的重要一环。

为了实现这一目标，需要构建一套完善、高效的中华文化国际传播体系。这个体系应该涵盖多个层面，包括政府、企业、社会组织以及每一个热爱中华文化的个体。政府可以制定相关政策和规划，为文化传播提供政策支持和资金保障；企业可以发挥市场主体作用，通过文化创意产品、影视作品、音乐艺术等多种形式，将中华文化推向国际市场；社会组织则可以搭建交流平台，促进中外文化人士的互动与合作；而每一个个体则构成文化传播的最广泛载体，可以通过日常的生活、学习和工作，将中华文化的精髓传递给身边的人。

构建传播体系，还要不断优化传播方式，提高传播效能。要求紧跟时代步伐，充分利用现代科技手段，如互联网、大数据、人工智能等，创新文化传播的形式和渠道。可以通过社交媒体、在线平台、虚拟现实等技术，让外国朋友更加直观、便捷地感受中华文化的魅力。同时，注重文化传播的针对性和实效性，根据不同国家和地区的文化背景和受众需求，制定个性化的传播策略。

此外，要积极推动不同文明之间的交流互鉴。中华文化历来主张"和而不同"，尊重世界文化的多样性。通过文化交流、学术研讨、艺术展览等多种形式，加强与世界各国文化的对话与沟通，增进相互理解和友谊。在交流中，可以借鉴其他文明的优秀成果，丰富和发展中华文化；同时，可以将中华文化的独特魅力展示给世界，为世界文化的多样性和共同繁荣贡献力量。

一、加强中华文化的国际传播

中华文化源远流长、博大精深，是中华民族的精神家园和宝贵财富。在全球化的今天，中华文化的国际传播显得尤为重要。它不仅能够增强国家文化软实力，提升国际地位，还能促进世界文化的多样性和交流互鉴。然而，中华文化的国际传播仍面临诸多挑战，如文化差异、语言障碍、传播渠道有限等。因此，探索有效的传播策略与路径，加强中华文化的国际传播，具有重要的现实意义和深远的历史意义。

中华文化蕴含着丰富的哲学思想和道德观念，如儒家的仁爱、礼义、中庸之道，道家的道法自然、无为而治，墨家的兼爱非攻等。这些思想和观念不仅塑造了中华民族的精神面貌，也对世界文化产生了深远影响。例如，儒家的仁爱思想强调人与人之间的和谐共处，对于解决现代社会的人际关系问题具有重要的启示意义。中华文化在科技、文学、艺术等领域取得举世瞩目的成就。古代的四大发明对世界文明的发展产生了巨大推动作用。在文学方面，唐诗、宋词、元曲、明清小说等经典作品流传千古，成为世界文学宝库中的瑰宝。在艺术方面，中国的书法、绘画、雕塑、戏曲等艺术形式独具特色，深受广大人民的喜爱。中华文化在制度创造方面也独具特色，中国特色社会主义制度便体现了中华文化的独特智慧。这一制度不仅促进了中国的快速发展，也为世界其他国家提供了有益的参考。

近年来，中华文化的国际传播取得显著成就。一方面，通过举办国际文化节、艺术展览、音乐会等活动，中华文化在世界范围得到广泛传播。例如，北京冬奥会期间，中华文化元素贯穿始终，吸引了全球民众的关注。另一方面，随着数字技术的发展，中华文化的传播渠道日益丰富。社交媒体、短视频、直播等新兴媒体形式成为中华文化国际传播的重要阵地。

尽管取得了显著成就，但中华文化的国际传播仍面临诸多挑战。首先，文化差异是导致传播困难的重要因素。中华文化与其他文化在价值观、思维方式等方面存在差异，这使得外国受众在理解和接受中华文化时存在一定的障碍。其次，语言障碍也是不可忽视的问题。中文作为一种复杂的语言系统，对外国人来说学习起来并不容易，这限制了中华文化的国际传播范围。此外，传播渠道有限、文化产品缺乏创新等问题也制约了中华文化的国际传播效果。

加强中华文化国际传播的策略与路径有五个面向。第一，坚守中华文化立场。每一种文明都扎根于自己的生存土壤，凝聚着一个国家、一个民族的非凡智慧和精神追求。中华文化有着一贯的处世之道、鲜明的价值导向、永恒的精神气质和内在的生存理念。在加强中华文化的国际传播时，必须坚守中华文化立场，坚定文化自信。在传播过程中要注重展示中国之路、中国之治、中国之理背后的思想力量和精神力量，让世界全方位、多角度了解博大精深的中华文化。

第二，深化文明交流互鉴。文明因交流而多彩，文明因互鉴而丰富。习近平总书记指出："文明交流互鉴，是推动人类文明进步和世界和平发展的重要动力。"[①] 在加强中华文化的国际传播时，要深化文明交流互鉴，推动中华文化与其他文化的相互理解、相互尊重、相互借鉴。要搭建开放包容的文明对话平台，深入开展各种形式的人文交流活动，广泛参与世界文明对话。同时，向世界阐释推介更多具有中国特色、体现中国精神、蕴藏中国智慧的优秀文化，以文载道、以文传声、以文化人。

第三，加强国际传播能力建设，是提升中华文化国际影响力的关键。一方面，加强国际传播的理论研究，掌握国际传播的规律。在传播渠道方面要掌握现有媒体和交流平台的传播特点，在传播内容方面着力打造融通中外的新概念、新范畴、新表述。另一方面，全面提升国际传播效能，充分运用各类传播方式，通过新形式、新

---

① 习近平：《文明交流互鉴是推动人类文明进步和世界和平发展的重要动力》，《求是》2019 年第 9 期。

手段、新途径构建具有鲜明中国特色的战略传播体系。在传播过程中要注重内容的创新性和吸引力，采用贴近不同区域、不同国家、不同群体受众的精准传播方式，提高国际传播的亲和力和实效性。

第四，推动文化产品创新。文化产品是中华文化国际传播的重要载体。推动文化产品的创新，提升中华文化的国际影响力。在深入挖掘中华文化的独特元素和符号的基础上，要将其融入文化产品的设计和制作。例如，开发具有中华文化特色的旅游产品、文化创意产品等，让国际受众在消费中体验中华文化的魅力。同时，还应注重产品的质量和品质控制，提升中华文化的品牌形象和口碑。

第五，加强国际传播人才培养。国际传播人才是推动中华文化国际传播的重要力量。加强人才培养和引进工作，培养一支高素质的国际传播队伍。一方面，加强国内高校和研究机构在国际传播领域的人才培养力度。设立奖学金、提供研究经费以吸引国外优秀学者和研究人员来华从事国际传播相关研究。另一方面，与国际知名媒体和文化机构合作与交流，引进具有丰富实践经验的国际传播人才。同时，加强对现有国际传播人才的培训和提升工作，提高他们的专业素养和跨文化交际能力。

就国际传播的实践案例而言，北京冬奥会期间，中华文化元素贯穿始终，吸引了全球民众的关注。北京冬奥会会徽"冬梦"将中国书法与冰雪运动巧妙结合，火炬"飞扬"取自"道法自然，天人合一"的哲学理念，国宝大熊猫与传统红灯笼变身为海内外大众追捧的吉祥物"冰墩墩""雪容融"，开闭幕式更是以充满诗意与创意的中国式表达传递了"世界大同，天下一家"的主题。这些文化元素的运用不仅展示了中华文化的独特魅力，也增强了中华文化的国际影响力。

此外，近年来，汉服文化在国际上逐渐兴起。在 Instagram 上，"汉服"话题相关内容浏览量已达 49 亿次，TikTok 上仅标注为"汉服"话题的短视频播放量也超过 3 亿次。2020 年至 2022 年，全球由汉服爱好者组成的汉服社区数量增长 46%。2021 年 9 月，世界级时尚杂志《时尚芭莎》电子刊将汉服选定为封面大片。汉服文化的国际传播不仅展示中国传统服饰艺术的迷人魅力，也促进中华文化的国际传播和交流。

加强中华文化的国际传播是提升国家文化软实力、促进世界文化多样性和人类文明共同进步的重要举措。要坚守中华文化立场、深化文明交流互鉴、加强国际传播能力建设、推动文化产品创新、加强国际传播人才培养，不断探索有效的传播策略与路径。通过不断努力，相信中华文化的国际传播将取得更加显著的成就，为世界文化的繁荣与发展作出更大的贡献。

二、提升中华文化国际传播的效能

今天，中华文化的国际传播不仅关乎国家文化软实力的提升，更是促进世界文化多样性、增进国际理解与友谊的重要途径。然而，中华文化国际传播仍面临诸多挑战，如文化差异、语言障碍、传播渠道有限等，传播效能有待提升。探讨如何提升中华文化国际传播的效能，具有重要的现实意义。

近年来，中华文化的国际传播取得了一定成效。通过举办国际文化节、艺术展览、音乐会等活动，以及利用社交媒体、短视频等新兴媒体形式，中华文化在世界范围得到更广泛的传播。然而，与西方文化的国际传播相比，中华文化的国际传播仍存在较大的差距。一方面，中华文化的国际传播渠道相对有限，难以覆盖全球范围的受众；另一方面，中华文化的国际传播内容相对单一，缺乏创新性和吸引力，难以引起国际受众的共鸣。

提升中华文化国际传播效能，需要重视四个方面的内容。第一，内容创新：挖掘文化内涵，打造特色文化产品。中华文化具有深厚的文化底蕴和丰富的文化内涵。在提升中华文化国际传播效能的过程中，深入挖掘中华文化的独特价值，提炼其精髓和亮点。例如，通过研究中华文化的哲学思想、道德观念、文学艺术等方面，挖掘出具有共通性的思想理念和艺术表现形式，为国际受众提供具有深度和广度的文化体验。在深入挖掘文化内涵的基础上，打造具有中华文化特色的文化产品。这些产品包括图书、电影、电视剧、音乐、舞蹈、戏剧等多种形式。创新文化产品的制作方式和表现形式，使其更加符合国际受众的审美需求和接受习惯。例如，制作反映中国历史文化、民俗风情、社会变迁等题材的纪录片、电影和电视剧，通过生动的画面和感人的故事，向世界展示中华文化的独特魅力。

第二，渠道拓展：构建多元化传播体系，扩大传播覆盖面。随着互联网技术的快速发展，新兴媒体形式如社交媒体、短视频、直播等已成为文化传播的重要渠道。应充分利用这些新兴媒体形式，扩大传播覆盖面，提升中华文化国际传播效能。例如，在社交媒体平台上开设中华文化账号，发布关于中华文化的文章、图片、视频等内容；制作反映中华文化的短视频，通过短视频平台进行传播。加强国际合作与交流。在拓展传播渠道的过程中，加强国际合作与交流。与国外文化机构、媒体组织等建立合作关系，共同举办文化活动、制作文化产品等。例如，与国际知名博物馆、图书馆等合作举办展览、讲座等活动；与国外电影公司、电视台等合作制作反映中华文化的电影、电视剧等作品；与国外教育机构合作开展汉语教学、文化交流等活动。

第三，人才培养：加强国际传播人才培养，提高专业素养。提升中华文化国际传播效能需要一支高素质的专业传播人才队伍。这些人才应具备扎实的中华文化知识、良好的外语沟通能力和跨文化交际能力等。因此，应加大对国际传播人才的培养力度。通过设立相关专业课程、开展实践活动等方式，培养具有中华文化素养和国际传播能力的复合型人才。还应注重提高现有传播人员的专业素养，通过组织培训、交流学习等方式，提高传播人员的中华文化知识水平、外语沟通能力和跨文化交际能力等。同时，鼓励传播人员积极参与国际文化交流活动，拓宽视野和思路，提高专业素养和综合能力。

第四，品牌塑造：打造中华文化国际品牌，提升国际影响力。在打造中华文化国际品牌的过程中，应明确品牌定位。根据中华文化的特点和国际受众的需求，确定品牌的核心价值和传播理念。在明确品牌定位的基础上，加强品牌传播力度。通过制定科学的传播策略、选择合适的传播渠道和方式等，提高品牌的知名度和美誉度。例如，通过举办国际文化节、艺术展览、音乐会等活动，以及利用社交媒体、短视频等新兴媒体形式进行品牌传播；邀请国际知名人士担任品牌代言人或形象大使等，提高品牌的知名度和影响力。

孔子学院是中华文化传播的重要平台之一。自 2004 年成立以来，孔子学院已在全球建立数百所分支机构，成为推广汉语教学、传播中华文化的重要窗口。孔子学院通过举办汉语课程、文化交流活动等方式，为国际受众提供学习汉语和了解中华文化的机会。孔子学院还注重与当地文化机构和社区组织等建立合作关系，共同举办各种文化活动，推动中华文化的国际传播。孔子学院的成功经验在于其明确的品牌定位和科学的传播策略。孔子学院将中华文化定位为"和谐、智慧、美丽"的形象，通过传播中华文化的哲学思想、道德观念、文学艺术等方面的内容，展示中华文化的独特魅力和价值。同时，孔子学院还注重利用新兴媒体形式进行品牌传播，如通过社交媒体平台发布关于中华文化的文章、图片、视频等内容，提高品牌的知名度和美誉度。

提升中华文化国际传播的效能需要多方面的努力和探索。实施内容创新、渠道拓展、人才培养、品牌塑造等措施，推动中华文化的国际传播更加广泛深入。同时，需要注重与国际受众的沟通和互动，了解他们的需求和反馈，不断优化传播策略和内容形式。相信在不久的将来，中华文化的国际传播将取得更加显著的成效，为增进国际理解与友谊、促进世界文化多样性作出更大的贡献。

三、推动不同文明之间的交流互鉴

文明交流互鉴是人类文明发展的重要动力。自古以来，不同文明之间的交流互鉴就推动着人类社会的进步和繁荣。今天，不同文明之间的交流互鉴显得更加重要，不仅能够增进不同国家和民族之间的相互理解和友谊，还能够推动人类文明的共同进步和发展。因此，探讨如何推动不同文明之间的交流互鉴具有重要的现实意义和深远的历史意义。

文明交流互鉴是文明发展的本质要求。文明是人类社会历史实践过程中所创造的物质财富和精神财富的总和，是人类智慧的结晶。每一种文明都有其独特的魅力和深厚的底蕴，都是人类的精神瑰宝。如费孝通所言："各美其美，美人之美，美美与共，天下大同。"[①]人类历史的发展进程表明，不同文明之间的交流互鉴是推动人类文明进步的重要途径。只有通过交流互鉴，不同文明之间才能够相互学习、相互借鉴、相互启发，从而实现共同发展和繁荣。

论及东西方古代文明，不能不提及德国哲学家雅斯贝尔斯（Karl Jaspers）论述的"轴心时代"。在这一时代东西方圣贤留下的思想能够成为全人类思想的精髓，是因为这些思想是超越时空的，

---

① 费孝通：《论人类学与文化自觉》，华夏出版社 2004 年版，第 188 页。

是全人类的思想财富，而非属于某一民族或国家。但这些思想在现实层面常常会附加上浓厚的时代性甚至是意识形态色彩，基于此而发生的跨文化传播行为由于带有强烈目的性，往往会使对方产生防御心理，由此难以取得良好的传播效果。想在对外传播中取得良好的成效，应该重视挖掘中华传统文化中站在作为类属的"人"的角度思考人类终极幸福与自由的思想，并与西方思想中相似观点进行互相阐释，使受众从思想处透彻领悟人与人、人与世界的关系本质，这也就是我们所说的寻求全人类共同价值。①

文明交流互鉴在人类历史上发挥了重要作用。例如，古代丝绸之路不仅是贸易之路，更是文化交流之路。通过丝绸之路，中国的丝绸、瓷器、茶叶等商品传入西方，同时西方的玻璃、香料、金银器等商品也传入中国。丝绸之路等古老商路，记录着亚洲先民通商互市的繁荣景象。这种商品交流的背后是更深层次的文化交流，不同文明之间的思想、艺术、宗教等相互交融、相互影响，共同推动人类文明的进步和发展。

近年来，不同文明之间的交流互鉴取得显著成效。一方面，不同国家和地区之间的经济、政治、文化等联系日益紧密，为文明交流互鉴提供了有利条件。另一方面，各国政府和民间组织也通过举办文化节、艺术节、学术论坛等活动，为不同文明之间的交流互鉴

---

① 孟建、卢秋竹：《试论人类文明新形态理念的传播价值与传播策略》,《视听理论与实践》2023 年第 4 期。

搭建了平台。如孔子学院总部的报告指出，全球孔子学院数量不断增加，为国际汉语教育和文化交流作出了重要贡献。然而，尽管取得了显著成效，但文明交流互鉴仍面临诸多挑战。

不同文明之间存在着巨大的文化差异，这是文明交流互鉴面临的首要挑战。文化差异可能导致误解、偏见甚至冲突。例如，不同文明对于价值观、道德观、宗教信仰等方面的看法可能存在显著差异，这些差异可能导致相互之间的不理解和不信任。其次，语言是文明交流的重要工具，但不同文明之间的语言差异可能成为文明交流互鉴的障碍。许多国家和地区使用不同的语言，可能导致信息交流的不畅和误解的产生。同时，不同文明之间的利益冲突也可能阻碍文明交流互鉴的推进。在某些情况下，不同文明之间的利益诉求存在差异甚至冲突，可能导致相互之间的不信任和敌意。此外，不同文明之间的意识形态分歧也可能成为文明交流互鉴的障碍。在某些情况下，不同文明之间的政治、经济、文化等意识形态存在显著差异，可能导致相互之间的不理解和不信任。

推动不同文明交流互鉴，可进行如下四个方面的实践。第一，教育与学术交流合作是推动不同文明交流互鉴的重要途径。通过教育与学术交流，不同文明之间的研究者可以相互了解、相互借鉴、相互启发，从而促进文明之间的交流互鉴。例如，举办国际学术会议、学术论坛等活动，邀请不同文明之间的学者和专家进行交流和讨论；开展学生交换项目，让学生亲身体验不同文明之间的文化差异、感受交流互鉴的重要性。

第二，搭建文化交流平台是推动不同文明交流互鉴的重要举措。通过文化交流平台，不同文化背景的艺术家、文化工作者可以相互展示、相互欣赏、相互学习，从而促进文明之间的交流互鉴。例如，可以举办国际艺术节、文化节等活动，邀请不同的艺术家和文化工作者进行表演和展示；可以建立文化交流中心、博物馆等机构，展示不同文明的文化遗产和艺术成果。

第三，媒体合作与信息传播是推动不同文明交流互鉴的重要手段。通过媒体合作与信息传播，不同文明的信息可以得到广泛传播和交流，从而促进文明的交流互鉴。例如，可以加强不同文明之间的媒体合作，共同制作和播出反映不同文明交流互鉴的节目和栏目；可以利用互联网等新媒体手段，传播不同文明的文化信息和艺术成果。

第四，旅游与各种人员往来是推动不同文明交流互鉴的重要方式。通过旅游与各种人员往来，不同文明之间的人民可以亲身体验不同文明之间的文化差异和交流互鉴的重要性。例如，中国的免签制度改革在吸引外国游客、促进文化交流和带动经济发展等方面取得显著成效。自2024年12月17日起，中国将过境免签外国人在境内停留时间由原来的72小时和144小时均延长为240小时（10天），这些重大改革措施不仅吸引外国游客入境，也充分展示中国开放包容的姿态和自信。

第五，政策沟通与国际合作是推动不同文明交流互鉴的重要保障。通过政策沟通与国际合作，不同文明的政府可以共同制定和推动文明交流互鉴的政策和措施。例如，文化和旅游部发布的关于进一步加强国际文化交流工作的意见指出，要加强与国际组织的合作，推动文化交流项目的实施。积极参与国际组织和多边机制的合作与交流活动，推动不同文明之间的交流互鉴。

共建"一带一路"倡议是中国政府提出的重要国际合作倡议，旨在通过加强共建国家之间的经济合作和人文交流，推动不同文明之间的交流互鉴和共同发展。习近平总书记指出："提出'一带一路'倡议，就是要实践人类命运共同体理念。"① 该倡议自提出以来得到共建国家的积极响应和支持，取得了显著成效。

"一带一路"倡议与文明交流互鉴密切相关。一方面，"一带一路"倡议为不同文明之间的交流互鉴提供了重要平台和机遇。通过加强共建国家之间的经济合作和人文交流，促进不同文明之间的了解和友谊，推动不同文明之间的交流互鉴和共同发展。另一方面，文明交流互鉴也为"一带一路"倡议的顺利推进提供重要保障。通过加强不同文明之间的交流和互鉴，增进相互之间的理解和信任，为"一带一路"倡议的顺利推进营造良好的国际环境和氛围。在"一带一路"倡议下，不同文明之间的交流互鉴取得了显著成效。一方面，加强共建国家之间的经济合作和人文交流。中国与共建国家共同举办了电影节、艺术节、学术论坛等多场文化交流活动，增进

---

① 习近平:《携手建设更加美好的世界——在中国共产党与世界政党高层对话会上的主旨讲话》,《人民日报》2017 年 12 月 2 日。

不同文明之间的了解和友谊。另一方面，推动不同文明之间的文化遗产保护和传承。中国与沿线国家共同开展丝绸之路文化遗产保护等文化遗产保护项目，为不同文明之间的交流互鉴提供了重要支撑和保障。

概而言之，推动不同文明之间的交流互鉴是人类文明发展的重要动力，应采取有效措施应对和解决文明交流互鉴面临的挑战和问题。加强教育与学术交流合作、搭建文化交流平台、推动媒体合作与信息传播、促进旅游与人员往来，以及加强政策沟通与国际合作等策略的实施，可以推动不同文明之间的交流互鉴取得更加显著的成效。同时，"一带一路"倡议也为不同文明之间的交流互鉴提供了重要平台和机遇。应积极参与"一带一路"倡议下的文明交流互鉴实践，为推动人类文明进步和发展作出积极贡献。

第三章　文化强国的建设路径

当今时代，文化的力量已成为国家综合实力的重要标志，文化强国建设成为实现中华民族伟大复兴的关键战略任务。文化蕴含着民族的精神基因，承载着历史的记忆，塑造着民族的品格。文化强国的建设是提升国家文化软实力的必然要求，更是满足人民日益增长的精神文化需要、增强民族凝聚力和向心力的重要途径。

文化强国建设的路径是多维度、全方位的。首先，坚持文化的创造性转化与创新性发展是时代赋予我们的使命。在现代化发展进程中，传统文化面临着传承与发展的双重挑战，同时迎来前所未有的机遇。既要深入挖掘传统文化的内涵，让古老的文化在现代社会中焕发出新的活力；又要积极创新文化表现形式和传播方式，以适应时代发展的需求，使文化在创新中不断前进。

其次，健全现代公共文化服务体系和现代文化产业体系是文化强国建设的基石。文化是人民的精神家园。完善公共文化服务体系，提升公共文化服务水平，让文化资源更加公平地惠及全体人民，为人民提供丰富多彩的文化产品和文化服务。同时，文化产业作为文化强国的重要支撑，需要在健全的市场体系下实现高质量发展，推动文化产业与相关产业的深度融合，创造更多的经济效益和社会效益。

文化遗产是民族文化的重要载体，加强文化遗产保护和利用是文化强国建设的重要环节。文化遗产承载着民族的历史记忆和文化基因，具有不可再生性。既要高度重视文化遗产的保护，确保其真实性和完整性；又要合理开发利用文化遗产，让文化遗产在现代社会中发挥更大的价值，实现保护与利用的良性互动，使其与经济社会发展相协调。

文化跨界融合已成为文化发展的新趋势。推动以文化为主体的跨界融合，强调文化在融合中的核心地位，重视其多元性、开放性和创新性，能够为文化强国建设注入新的活力。通过推动文化与旅游、教育等领域的深度跨界融合，拓展文化的发展空间，提升文化的整体影响力，使文化在融合中不断创新和发展。

最后，讲好中国故事、塑造中国形象是文化强国建设的重要目标。在国际文化交流日益频繁的今天，需要构建具有中国特色的话语和叙事体系，以生动的故事和形象向世界展示真实、立体、全面的中国。通过创新讲述方式，提高传播效果，让中国故事在全球广泛传播，增强中华文化的国际影响力和吸引力，提升国家文化软实力。

文化强国的建设是一项长期而艰巨的任务，需要全社会的共同努力。应以高度的文化自觉和文化自信沿着这条清晰的路径坚定前行，不断推动文化创新、完善文化服务体系、加强文化遗产保护、促进文化跨界融合、讲好中国故事，让中华文化在新时代焕发出更加耀眼的光芒，为实现中华民族伟大复兴的中国梦提供强大的精神动力和文化支撑。

第一节　坚持文化的创造性转化与创新性发展

一、文化的创造性转化与创新性发展的时代要求

以文化人、以文育人。习近平总书记深刻阐述了传承与创新、内容与形式的辩证关系，指出"要有学习前人的礼敬之心，更要有超越前人的竞胜之心"，"故步自封、陈陈相因谈不上传承，割断血脉、凭空虚造不能算创新"。① 这是对文艺创作和文艺发展基本规律的深刻把握。习近平总书记在中国文联十一大、中国作协十大开幕式上的讲话，不仅强调了文化繁荣兴盛对于中华民族伟大复兴的重要性，还提出了推动文化创造性转化与创新性发展的具体要求。讲话指出："衡量一个时代的文艺成就最终要看作品。推动文艺繁荣发展，最根本的是要创作生产出无愧于我们这个伟大民族、伟大时

---

① 《习近平在中国文联十一大、中国作协十大开幕式上的讲话》，《人民日报》2021 年 12 月 15 日。

代的优秀作品。"①这一论述为文化创造性转化与创新性发展指出了方向。

对于中华优秀传统文化中那些不再完全适应时代发展需求，但经过改造和创新仍能服务于现代化建设的部分，既不能盲目地全盘继承，也不能轻易地全部抛弃，而是应当采取一种更为明智和灵活的态度——推陈出新，对其进行创造性转化。中国特色社会主义文化，作为一种具有鲜明时代特征的现代文化，不仅是对传统文化的简单延续或复制，更是深深植根于中国特色社会主义的伟大实践之中，与时代的发展紧密相连。它反映了时代发展的主流趋势和前进方向，体现了时代的独特精神和特征，是新时代中国文化的生动写照。

推陈出新，这一理念并非空穴来风，而是有着深厚的实践基础和理论支撑。推陈，意味着我们要立足当代，以现代的眼光和视角去审视传统文化，扬弃那些不再适应今天需求，甚至与时代发展相悖的内容。这并不是对传统文化的否定或抛弃，而是对其进行的一种必要的筛选和过滤。出新，要求我们在扬弃的基础上，对这部分传统文化进行深入的梳理和提炼，挖掘其内在的价值和意义，并积极创造新的内容和形式，使其焕发新的生机和活力。推陈出新，既要注重继承，又要注重发展；既要注重扬弃，又要注重创新。继承是发展的基础，没有继承就没有发展；扬弃是创新的必要前提，没

---

① 习近平：《在文艺工作座谈会上的讲话》，《人民日报》2015 年 10 月 15 日。

有扬弃就没有创新。只有在继承与发展、扬弃与创新的辩证统一中，中国特色社会主义文化才能不断前进，才能焕发出强大的生命力和创造力。

在快速发展的过程中，中国面临全方位的挑战，但凭借道路自信、理论自信、制度自信、文化自信，成功走出一条现代化建设的新道路，在国际舞台上塑造了崭新的大国形象。这一成就的取得，归功于中国的执政党和广大人民群众以非凡的勇气和坚定的底气推动中华传统文化"创造性转化与创新性发展"。

传承和弘扬中华优秀传统文化，关键是推动中华优秀传统文化创造性转化、创新性发展。创新性发展以"创新性"为主要特征，以"发展"为旨归。这里的"创新性"不同于一般的"创新"，更多地体现在人类活动对物质和精神进行创新与创造的能力和特质上。而"发展"则是一个包含价值预设、向着特定价值方向迈进的变化过程。创新性发展需要不断补充、拓展和完善中华优秀传统文化的内涵，以增强其影响力和感召力。

二、文化的创造性转化与创新性发展的内涵要义

创造性转化，就是要按照时代特点和要求，对那些至今仍有借鉴价值的内涵和陈旧的表现形式加以改造，赋予其新的时代内涵和现代表达形式，激活其生命力。创新性发展，就是要按照时代的新进步新进展，对中华优秀传统文化的内涵加以补充、拓展、完善，增强其影响力和感召力。坚持古为今用、推陈出新，兼收并蓄、择

善而从，使中华民族最基本的文化基因同当代中国相适应、同现代社会相协调、同现实文化相融通，把跨越时空、超越国界、富有永恒魅力、具有当代价值的文化精神弘扬起来。

文化的创造性转化强调对传统文化要素的甄别筛选与当代诠释，通过"去粗取精、去伪存真"的扬弃过程，实现文化基因的现代重构。这一过程并非对传统文化的简单复制或机械传承，而是在尊重文化本质的前提下，赋予其新的形式和内容，使其能够更好地适应现代社会的发展。例如，敦煌文化通过数字技术突破时空界限，将壁画、彩塑等文物转化为数字档案和虚拟现实体验，不仅永久保存了敦煌文化艺术，还让其在现代社会中焕发出新的活力。故宫文创则将皇家文物转化为生活美学载体，通过创意设计和现代工艺，将传统文化元素融入现代生活用品中，凸显"传统元素当代表达"的转化逻辑。文化传承与发展需要在保持民族文化主体性的基础上进行，避免因外来文化的冲击而失去自身的文化特色。建立"传统—现代"对话机制，将传统文化与现代社会的需求相结合。例如，儒家"仁爱"思想与社会主义核心价值观的对接，通过现代教育和文化活动等形式，在当代社会发挥积极的道德引导作用。

创新性发展在文化传承的基础上，通过创新思维和创新手段，推动文化内容、形式、传播方式和产业模式的全面创新，以满足人民群众日益增长的精神文化需要，提升文化的竞争力和影响力。故宫博物院前院长单霁翔提出"创新当以守正为前提"，强调文化精神内核的恒定性。费孝通的"文化自觉"理论为创新提供价值坐标，强调在创新过程中要保持对自身文化的深刻理解和自觉传承。创新性发展强调文化的与时俱进，注重文化与现代社会的融合，鼓励文化创作者和从业者不断探索新的表现形式和传播手段，使文化在新时代焕发出新的活力。河南卫视"中国节日"系列对传统节庆的视听重构，通过现代舞台技术和艺术表现形式，将传统节日的文化内涵以全新的视听效果呈现给观众。文化科技融合催生新业态，人工智能、区块链技术正在重塑文化生产链条。2022年我国数字文化产业规模突破5.4万亿元，技术赋能效应显著。科技的发展为文化创新提供强大的技术支持，推动文化产品的多样化和高质量发展。文化创造性转化与创新性发展使得文化消费成为满足群众精神文化需要、拉动经济增长的重要引擎。"博物馆热"不断升温、多地演出市场人满为患、演唱会门票供不应求、户外音乐节人头攒动。

就创造性转化与创新性发展的关系而言，两者紧密相连、不可分割。从时间层面来看，创造性转化着重于"回望过去"，它致力于对传统文化进行现代的阐释和当代的转型；而创新性发展则更多地"展望未来"，在创造性转化的成果之上作进一步提炼和推进。在空间层面，创造性转化主要在传统文化的范畴内深耕细作；而创新性发展则需要拓宽视野，将中华文化置于全球文化的广阔背景中进行衡量和定位。从着重点来区分，创造性转化更加侧重于理论层面的"转化融合"，力求将传统文化的精髓融入现代语境；而创新性发展则强调实践层面的"开拓进取"，致力于将转化后的文化理念应用于实际，推动文化的创新性发展。创造性转化与创新性发展是中华文化传承与发展的重要路径。

三、文化的创造性转化与创新性发展的挑战与机遇

在探索中华文化传承与发展的路上，面临着一个至关重要的任务：如何以创造性思维对传统文化进行转化，并在此基础上实现创新性发展。这一过程不仅关乎文化的延续，更涉及文化的现代化与国际化。首先，要以创造性思维而非一般性思维来面对传统文化的转化。这意味着，在面对传统文化这一宝贵遗产时，必须摒弃简单的嫁接、拼凑和移植，应通过发散性思维，全方位、多角度、多结构地审视传统文化，挖掘其中富有当代意义、具有永恒价值的文化要素和文化形式。这种创造性思维不仅要求新颖性，更需要基于实践需要和现实要求，实现真正的理性创新。其次，传统文化转化中的"创造性"与"一般性"有着本质的区别。一般性转化侧重于文化发展的普遍规律和一般原则，强调共性的更新。创造性转化则更注重时代特色和社会需求的特殊性，旨在将古老的文化形式转化为符合现代人生活的新样式。这一转化过程不仅是对传统文化的再创造，更是对文化生命力的激活。再者，"转化"意味着在既有基础上进行顺应时代的改革与完善，"创造性"则是在前人未曾涉足的领域开创出新的成果；"发展"是在现有基础上的持续开拓与延伸，"创新性"则是在旧有基础上实现新的发现、发明和创造。对中华文化进行创造性转化与创新性发展，就是要在前人留下的文化瑰宝基础上，创新思想理论，更新价值观念，并通

过传播理论成果和文化产品确立并塑造当代中国的核心价值观与文化理念。

作为文化大国，我国长期以来面临着文化贸易逆差的问题。我国文化贸易逆差从 2012 年的 3∶1 缩小至 2022 年的 1.2∶1。这一变化表明我国文化创造性转化与创新性发展取得了一定成效。通过文化创造性转化与创新性发展，可以提升我国文化产品的国际竞争力，实现文化贸易的平衡发展。

文化安全是国家安全的重要组成部分。美国当代国际政治理论家亨廷顿（Samuel Huntington）提出的"文明冲突论"引发国际社会对文化安全的高度关注。文化霸权主义和文化冲突的风险一直存在。通过文化创造性转化与创新性发展，可以增强我国的意识形态话语权，构建更加牢固的文化安全体系，有力应对文化霸权主义的挑战。

科技的飞速发展正在重构文化权力格局。人工智能、区块链等新技术为文化创新提供了新的手段和平台。这些技术不仅改变了文化生产、传播和消费的方式，也为文化创造性转化与创新性发展提供前所未有的机遇。

文化传承是文化创造性转化与创新性发展的基础。随着社会的发展和代际差异的扩大，文化传承面临着断裂的风险。这种代际传承的断裂不仅影响传统文化的延续，也削弱文化创造性转化与创新性发展的基础。因此，通过文化创造性转化与创新性发展，可以激发年轻一代对传统文化的兴趣，促进文化的代际传承。

在文化创造性转化的过程中，保持文化符号的本真性，需警惕"符号抽空化"风险，如某些非遗项目的表演性失真，以及商业化导致的"文化空心化"现象，可能导致传统文化在形式上被过度包装，而失去了其精神内涵。在文化创新过程中，应保持文化符号的核心价值和审美特征，使其在新的表现形式中依然能够传递传统文化的精髓。

为应对上述挑战，需要构建制度、市场和教育"三位一体"的发展体系，全面推进文化创造性转化与创新性发展。制度保障是文化创造性转化与创新性发展的基础。完善《文化产业促进法》配套机制，建立健全文化创新的政策法规体系，为文化创造性转化与创新性发展提供坚实的制度保障。通过制定优惠政策、加强知识产权保护、完善文化市场准入机制等措施，营造良好的文化创新环境。市场机制是文化创造性转化与创新性发展的重要驱动力。建立科学合理的文化价值评估体系，破解文化产品"叫好不叫座"的难题。通过完善文化市场的定价机制、优化文化资源配置、加强文化市场监测和评估等措施，提升文化产品的市场竞争力。教育是文化创造性转化与创新性发展的长远之计。将文化创造性转化与创新性发展纳入国民教育体系，培养新型文化人才。通过在中小学和高校开设文化创造性转化与创新性发展相关课程、开展文化实践活动、加强文化创新教育等措施，激发学生的文化创新意识和能力，为文化创造性转化与创新性发展提供坚实的人才支撑。

在探索中华文化传承与发展的路上，传播人类文明新形态的内涵与价值，有助于促进中华优秀传统文化的创造性转化与创新性发展，增强中华文明的传播力与影响力，同时促进文化事业与文化产业共同发展，大大增强国家文化软实力。这方面的建设也有助于增进不同文明间的交流互鉴，同时使得人类命运共同体思想，伴随东方哲学中大同世界的思想、天人合一的思想，以及本质层面非二元对立的思维模式得以更广泛的传播。[①]

文化创造性转化与创新性发展不仅是文化传承与发展的必然要求，更是提升国家文化软实力、增强文化自信的重要途径。随着国际化、信息化和科技快速发展，文化创造性转化与创新性发展具有重要的时代必然性和现实紧迫性。通过构建"三位一体"发展体系，传播人类文明新形态的内涵与价值，可以有效应对文化同质化危机、突破"文化贴现"难题、构建文化安全体系，促进文化的繁荣发展。要进一步加强政策支持，优化市场环境，强化教育保障，为文化创造性转化与创新性发展创造良好的条件，推动中华文化在新时代焕发出更加灿烂的光芒。

通过创造性转化，激活传统文化的生命力；通过创新性发展，不断拓展和完善中华文化的内涵。这一过程不仅有助于提升中华文化的国际影响力，更有助于为人类文明的发展贡献独特的中国智慧和中国方案。

---

① 孟建：《人类文明新形态研究：中国传播学者的历史使命》，《新闻与传播评论》2023年第5期。

第二节　健全现代公共文化服务体系和现代文化产业体系

随着中国特色社会主义进入新时代，人民群众对公共文化服务的供给和文化产品的品质都提出了更高要求，公共文化服务的均衡性、完备性、优质性以及文化产品、文化产业和文化市场的融合健康发展成为文化强国战略实施的重要基石。推动各类文化市场主体发展壮大，培育新型文化业态和文化消费模式，以高质量文化供给增强人们的文化获得感、幸福感，成为文化强国战略建设的应有之义。

一、满足人民群众的精神文化需求

文化是人类社会的重要组成部分，是民族的血脉和人民的精神家园。满足人民群众的精神文化需求，是实现人的全面发展、促进社会和谐稳定的重要基石。改革开放以来，我国经济建设取得举世瞩目的成就，人民物质生活水平显著提高，精神文化需求也日益增长。因此，加快建设和完善公共文化服务体系，满足人民群众的精神文化需求，成为推动我国文化发展的迫切任务。

近年来，我国综合国力的不断提升，国家财政对公共文化的投入不断增加。广泛实施广播电视村村通、社区和乡镇文化站、全国文化信息共享、农家书屋和农村电影放映，以及博物馆、纪念馆等公益性文化设施免费开放等惠民工程，我国公共文化服务体系建设取得了举世瞩目的新成就。在党中央、国务院关怀下，按照结构合理、网络健全、运行有效、惠及全民的原则，以政府为主导，以公益性文化单位为骨干，鼓励社会积极参与，覆盖全社会的公共服务体系已开始建立。一个以基层和农村为重点，充分发挥现有文化设施作用的实用、便捷、高效的公共文化服务网络初步形成，构成当代中国的文化风景。

文化和旅游部发布的 2023 年文化和旅游发展统计公报中指出，2023 年，全国文化和旅游事业费 1280.4 亿元，比上年增加 78.6 亿元，同比增长 6.5%；全国人均文化和旅游事业费 90.8 元，比上年增加 5.7 元，同比增长 6.7%。截至 2023 年末，全国公共图书馆总藏量 14.4 亿册，同比增长 5.6%。全国人均图书藏量为 1.02 册，比上年末增加 0.06 册。至 2023 年末，全国文物机构藏品 5017.2 万件 / 套，其中，文物系统管理的国有博物馆藏品 3363.3 万件 / 套，占藏品总量的 67%。2023 年，全国各类文物机构共举办陈列展览 3 万个，接待观众 140266 万人次。文物系统管理的国有博物馆接待观众 102129 万人次，同比增长 123.7%。

2012 年起，我国持续建设以实体科技馆为依托，流动科技馆、科普大篷车、数字科技馆等协同发展的现代科技馆体系。2024 年 12 月完成修订的《科学技术普及法》提出，国家推动科普全面融入经济、政治、文化、社会、生态文明建设，构建政府、社会、市场等协同推进的科普发展格局。中国科技馆发布数据显示，2024 年全国科技馆接待观众 1.04 亿人次，比 2023 年增长 16.3%。陕西宝鸡市科技馆每年跟随科普大篷车深入基层数十次。2024 年，流动科技馆累计巡展 746 站、服务公众 2848.6 万人次；科普大篷车累计行驶里程 268 万公里、开展活动 3.6 万场；面向偏远地区乡村学校开展的"流动科学课"活动网络传播量超 3.5 亿次。从大专家、老院士身体力行开展高水平科普到科普专家、科技志愿者将科技知识带去广大基层，以科技馆为载体，一大批科技工作者成为助力公民科学素质提升的排头兵。全国科普专、兼职人员达 215.63 万人，实名注册科技志愿者近 456 万人。最新数据显示，我国公民具备科学素质的比率达 14.14%。

虽然我国公共文化服务体系建设取得显著成就，但城乡之间、区域之间、不同社会群体之间的文化服务仍存在不均衡现象。

满足人民群众的精神文化需求不仅是政府的责任，也需要社会各界的共同努力。动员社会力量参与公共文化服务体系建设，包括企业、社会组织、个人等。可以通过政府购买服务、公益创投、志愿服务等多种形式，引导社会力量参与公共文化服务，提高公共文化服务的质量和效率。

政府和社会应提供多样化的文化产品和服务，满足人民群众的精神文化需求。同时，注重文化产品的创新性，鼓励和支持文化创造活动，保护知识产权，促进文化成果的转化和应用。通过举办文化创意大赛、文艺演出、展览、讲座等多种形式的文化活动，激发人民群众的创造活力，丰富文化市场供给。

应加强对文化市场的监管，保障文化产品和服务的质量和安全。建立健全文化市场管理制度，规范文化市场秩序。同时，加强对文化产品和服务内容的审核把关，确保文化产品和服务内容健康向上、积极正面。

满足人民群众的精神文化需求是社会主义文化建设的重要任务之一。通过这些措施的实施，可以推动社会主义文化事业的繁荣发展，满足人民群众日益增长的精神文化需求。

二、健全公共文化服务体系与提升公共文化服务水平

公共文化服务是中国特色社会主义文化建设的重要内容，是以高水平文化供给增强人民群众文化获得感、幸福感的重要渠道。党的二十届三中全会要求优化文化服务和文化产品供给机制，提出"完善公共文化服务体系，建立优质文化资源直达基层机制，健全社会力量参与公共文化服务机制，推进公共文化设施所有权和使用权分置改革"等重要任务，为新形势下以文化体制机制改革进一步推动公共文化服务高质量发展指明了要点、擘画了蓝图。

在全国范围，公共文化服务体系建设取得显著成效。各级政府不断加大投入，完善公共文化设施网络，提高文化服务覆盖面。同时，各地还积极探索创新服务模式，如数字文化服务、流动文化服务等，以满足群众多样化的文化需要。随着信息技术的飞速发展，数字文化服务逐渐成为公共文化服务的重要组成部分。全国各地纷

纷建设公共文化云平台、数字图书馆、在线文化馆等，为群众提供便捷、高效的数字文化服务。这些平台不仅提供丰富的文化资源，还实现文化服务的个性化定制和精准推送。2024 年 7 月 31 日，"文化广东"一站式公共数字文化服务平台上线，使省内文艺演出、文化培训、文化展览、图书等多种优质文化资源和相关文化信息能够通过移动互联网和智能手机直达基层用户。这一平台的上线，大大提升优质文化资源的基层触达能力，为群众提供了更加便捷、高效的文化服务。为了解决偏远地区和文化服务薄弱地区的文化需要问题，全国各地纷纷开展流动文化服务。通过流动图书馆、流动文化馆、流动演出队等形式，将文化服务送到群众身边，让群众在家门口就能享受到丰富的文化生活。

建立优质文化资源直达基层机制是优化文化服务和文化产品供给机制贯彻落实"一切为了群众"方针的现实保障。通过这一机制，将优质文化资源直接送到基层群众身边，满足他们的文化需要。政府应加强对文化资源的整合力度，将分散在各部门、各地区的文化资源进行集中管理和统一调配。通过整合实体文化设施和文化机构、建设公共文化云平台等方式，实现文化资源的共享和优化配置。加强对基层文化服务的投入和支持，提高文化资源的基层触达能力。通过建设基层文化设施、开展流动文化服务、推广数字文化服务等方式，将优质文化资源送到基层群众身边，让他们享受到更加便捷、高效的文化服务。

健全社会力量参与公共文化服务机制是优化文化服务和文化产

品供给机制"一切依靠群众"的生动体现。这一机制充分发挥社会力量的作用，为公共文化服务贡献力量。应完善相关政策法规体系，为社会力量参与公共文化服务提供法律保障和政策支持。通过制定优惠政策、提供资金扶持、加强监管指导等方式，鼓励和支持社会力量积极参与公共文化服务。应加强对社会组织的培育和支持力度，提高其参与公共文化服务的能力和水平。通过提供培训指导、搭建交流平台、加强宣传推广等方式，促进社会组织的健康发展，积极参与公共文化服务。

公共文化设施所有权和使用权分置是优化文化服务和文化产品供给机制的内在要求，也是建设公共文化服务共同体的关键所在。这一改革明确各参与主体的权利与责任，提高公共文化设施的使用效率和管理水平。应加强对公共文化设施产权关系的梳理和明确工作，确保各参与主体的权利与责任清晰明确。制定相关法律法规和政策文件，规范公共文化设施的产权归属和使用方式。积极推进公共文化设施所有权和使用权分置的工作，探索适合本地实际情况的模式和路径。通过引入市场机制、加强监管指导等方式，推动公共文化设施的优化配置和高效利用。

上述这些机制的实施，有助于优化文化服务和文化产品供给机制，满足群众多样化的文化需求，推动公共文化服务的持续发展和创新。展望未来，随着科技的不断进步和社会的不断发展，公共文化服务将面临更多的机遇和挑战。政府应继续加强政策引导和支持力度，推动公共文化服务的创新发展；同时，加强与社会各界的合作交流，共同推动公共文化服务繁荣发展。在各方的共同努力下，我国公共文化服务体系将不断完善，公共文化服务水平将不断提升，为人民群众提供更加丰富、多元、便捷的文化服务。

随着经济全球化和文化多样化的深入发展，文化产业作为兼具经济效益与社会效益的朝阳产业，重要性日益凸显。文化产业不仅能够促进经济增长、调整产业结构，还能够满足人民群众日益增长的精神文化需求，提升国家文化软实力。

三、健全现代文化产业体系和市场体系

中国式现代化是物质文明和精神文明相协调的现代化。党的二十届三中全会把"聚焦建设社会主义文化强国"列为"七个聚焦"之一，将"健全文化产业体系和市场体系"纳入进一步全面深化改革的系统部署，为推进文化体制机制改革，明确了核心的主攻方向和具体的重点任务。这一举措充分展现了以习近平同志为核心的党中央对于铸就中华文明新辉煌所肩负的使命与担当，同时也反映了全国各族人民对建设文化强国的深切期望。

文化产业是一个多功能的体系，涵盖文化服务、文化制造、文化用品生产等产业环节，同时也包括与现代文化新生业态密切相关的产业业态。它不仅是经济发展的重要推动力，还是调整产业结构和转变发展方式的必由之路。文化产业体系通过提供丰富多样的文化产品和服务，满足人民群众的精神文化需求，提升国家文化软实力。

文化市场作为市场体系的一个至关重要的组成部分，其运作涵盖文化产品和服务的生产、交换、分配、消费等多个关键环节。体系中的各类文化主体，包括创作者、生产者、分销商、消费者等，通过一系列的市场活动，共同推动文化产业的繁荣发展。文化市场体系为文化产业体系提供资源配置和交易的平台，促进文化产品和服务的流通和增值。

当前文化产业体系和市场体系存在一些问题。第一，文化产业整体能力较弱。主要体现在文化产业集团数量有限，多数文化企业规模偏小，难以形成规模效应，在国际市场上缺乏足够的竞争力和议价能力。同时，文化产业的技术水平和创新能力相对滞后，限制了其向高端市场发展的潜力。第二，文化产业创新能力不足。原创内容和产品的开发能力有限，导致文化产品同质化严重，难以形成首发效应，降低了文化产品的附加值和市场吸引力。第三，文化产业的市场壁垒较高。行政壁垒限制了文化企业的市场准入与跨区域发展，技术壁垒阻碍了文化企业的技术创新与竞争力提升，资金壁垒则导致文化企业面临融资困难与扩张瓶颈。这些壁垒限制了文化产业的竞争和发展，使得部分文化企业难以进入市场或难以扩大市场份额。

现代文化产业体系与市场体系具有典型的创新性特征，包括技术创新、业态创新、模式创新等。通过引入新技术、新设备、新工艺，提高文化产品的生产效率和质量；通过培育新型文化业态和模式，拓展文化产业的发展空间。同时，融合性体现在产业之间合作边界的模糊化和缩小化，如文化产业与教育、旅游、金融、城市建设等产业的深度融合，不仅丰富文化产业的内容形式，还推动相关产业的发展。开放性体现在文化产业将国内市场与国际市场联系起来，深度参与国际分工和国际竞争，提升本土产业的国际竞争力和影响力。竞争性是推动产业市场体系完善的重要动力，通过市场化竞争，文化企业可以不断提升自身的实力和创新能力，谋求更大的市场份额和更广阔的发展空间。文化产业迅速吸纳与运用新技术与新模式，能够敏锐地捕捉并精准把握新兴市场的机遇。这种动态性特征要求文化产业体系和市场体系必须保持高度的灵活性和适应性，以应对不断变化的市场环境和消费者需求。

为健全现代文化产业体系和市场体系提出以下建议：

深化文化体制机制改革。加强党对宣传思想文化工作的全面领导，巩固马克思主义在意识形态领域指导地位的根本制度。完善意识形态工作责任制，推动理想信念教育常态化制度化，构建中国哲学社会科学自主知识体系，为繁荣发展文化事业和文化产业提供学理支撑。

健全网络综合治理体系。深化网络管理体制改革、整合网络内容建设和管理职能、推进新闻宣传和网络舆论一体化管理，完善舆论引导机制和舆情应对协同机制，为提升文化治理效能、建成社会主义文化强国夯实制度基础。

探索文化和科技融合的有效机制。加快发展新型文化业态，探索文化产业与数字经济、人工智能、生物医药、新材料等领域的融合发展，抢占文化创新发展的制高点。推动数字化技术赋能，推广"数字敦煌""清明上河园"等成功经验，搭建文化科技融合场景创新平台，超前布局智能景区、智慧博物馆、智慧剧场等文化科技融合基础设施。

鼓励文化企业加大原创内容和产品的开发力度，提升文化产品的附加值和市场吸引力。加强对文化创新成果的保护和利用，激发文化企业的创新活力。打破行政壁垒和地区封锁，促进文化产品和服务的自由流动。

建立健全文化市场法律法规体系，加强市场监管和执法力度，维护市场秩序和公平竞争环境。鼓励和支持各类文化企业、社会组织和个人参与文化市场竞争，形成多元化的市场主体格局。加强对文化企业的政策扶持和金融服务支持，降低文化企业的市场准入门槛和运营成本。

实施区域协调发展战略。围绕京津冀、长三角、粤港澳大湾区建设等区域发展战略，建设区域文化产业带。通过区域协同合作，实现文化资源的优化配置和共享，促进文化产业在不同地区的均衡发展。加大对中西部地区文化产业发展的支持力度，推动中西部地区文化产业跨越式发展。通过政策扶持和资金倾斜等措施，提升中西部地区文化产业的整体实力和竞争力。

健全现代文化产业体系和市场体系是推动文化产业高质量发展的重要途径。通过深化文化体制机制改革、推动文化产业创新发展、完善文化市场体系、促进文化产业区域协调发展以及加强文化人才培养和引进等措施，可以不断提升文化产业的整体实力和竞争力。未来，随着科技的不断进步和消费者需求的不断变化，文化产业将迎来更加广阔的发展空间和机遇。同时，需要保持高度的敏锐性和适应性，及时调整和完善文化产业体系和市场体系，以应对不断变化的市场环境和消费者需求。

四、大力促进文化产业高质量发展

随着全球经济的快速发展和人民生活水平的不断提升，文化产业作为满足人民群众精神文化需求的重要载体，重要性日益凸显。习近平总书记多次强调，要把握好意识形态属性和产业属性、社会效益和经济效益的关系，坚持社会主义先进文化前进方向，把社会效益放在首位。

文化产业是国民经济的重要组成部分，对于提升国家文化软实力、增强人民精神力量、促进社会和谐稳定具有重要意义。优秀的文化产品和服务能够向世界展示国家的文化魅力和价值观，增强国际社会对国家的认同感。这一方面体现在，文化产业的高质量发展能够满足人民群众日益增长的精神文化需求。随着生活水平的提高，人们对文化产品的质量和品位要求越来越高，高质量的文化产品能够丰富人们的精神世界，提高生活品质。另一方面，文化产业作为新兴产业，具有巨大的发展潜力和经济效益。通过推动文化产业的发展，培育新的经济增长点，促进经济结构的优化升级。

促进文化产业高质量发展必须坚持社会效益与经济效益相统一

的原则。深化文化体制改革，转变政府职能，简政放权，激发市场活力。加强对文化产业的宏观指导和政策扶持，减少对文化企业具体经营活动的干预。健全现代文化产业体系和市场体系，推动各类文化市场主体发展壮大。鼓励和支持非公有制文化企业健康发展，培育新型文化业态和文化消费模式。推动基本公共文化服务标准化、均等化。坚持政府主导、社会参与、重心下移、共建共享的原则，完善公共文化服务体系。提高基本公共文化服务的覆盖面和适用性，切实保障人民群众基本文化权益。加大对农村和边远地区公共文化服务的投入力度，缩小城乡、区域文化发展差距。

推动文化产业创新。加强内容创新，鼓励文化企业深入挖掘中华优秀传统文化资源，结合现代审美元素和技术手段，创作出既有文化底蕴又符合时代潮流的优秀作品。《哪吒之魔童降世》《哪吒之魔童闹海》这两部电影对传统神话故事进行了大胆的改编和创新。电影打破了传统故事中哪吒的英雄形象，将他塑造为一个被误解、渴望被接纳的"魔童"。两部电影上映后，均取得巨大的票房成功，让更多人看到了国产动画的潜力和魅力，也为国产动画的未来发展树立了榜样和标杆。尤其是最近上映的《哪吒之魔童闹海》，不仅在技术上达到国产动画的顶尖水平，更在故事和情感上触动了观众的心灵，不仅为国产动画赢得荣誉，也为整个中国电影产业注入新的活力，是一部值得一看再看的经典之作，也是一个具有深远意义的文化现象。

健全内容创新激励机制，设立专项基金，奖励具有原创性、创新性和市场潜力的文化内容项目。搭建内容创新平台，为创作者提供技术支持、市场对接、版权保护等一站式服务。鼓励文化企业积极采用大数据、人工智能、虚拟现实等先进技术，提升文化内容的创作、生产、传播和消费的智能化水平。深化数字技术场景应用，开发数字艺术展示、数字演绎体验、数字娱乐活动、数字出版技术等新场景新应用。推动传统文化业态的数字化转型，利用高新技术对传统文化产业进行改造升级，提升文化产品的技术含量和附加值。深化与其他产业的跨界融合，促进"文化+"融合发展，开发文化旅游、文化教育、文化科技等复合型产品和服务。加强传播型文化业态转型，借助短视频、直播等新媒体平台，加强传统艺术传播和普及。

扩大优质文化产品供给。提升文化产品质量，加强对文化产品创作生产的引导和管理，严把导向关、内容关、播映关、准入关。绝不允许"文化三聚氰胺""文化地沟油""文化雾霾"类的作品进入市场、流向社会。鼓励文化企业重视作品的思想性、艺术性、观赏性，创作出更多反映新时代新气象、讴歌人民新创造的文艺精品。丰富文化产品种类。统筹推进公共文化服务"硬件"和"软件"建设，不断扩大覆盖面、增强实效性。加快建立现代公共文化服务体系，满足人民群众多样化、多层次、多方面文化需要。鼓励文化企业开发适合不同年龄段、不同文化层次消费者的文化产品，形成多层次、多元化的文化产品供给体系。优化文化产品传播渠道。充分利用互联网、社交媒体、移动应用等数字化传播渠道，扩大文化产品的传播范围和影响力。加强对新兴媒体内容的审查审核管理，坚持与传统媒体遵循同一的导向要求和内容标准，确保正确导向全覆盖、导向要求无例外。

坚决把社会效益放在首位，实现两个效益相统一的发展观。完善政府与市场相协调的机制，发挥市场在文化资源配置中的积极作用，同时发挥好政府的主导作用。广播、电视、电影是党的重要宣传思想文化阵地，必须正确认识和把握其意识形态属性和产业属性的关系。在产业经营中，当经济效益与社会效益发生冲突时，经济效益要服从社会效益。社会主义文艺从本质上讲就是人民的文艺，必须牢固树立为人民服务的理念，始终把满足人民群众日益增长的精神文化需求作为出发点和落脚点。牢固树立把社会效益放在首位、实现两个效益相统一的发展观。无论是具体作品的创作生产，还是单个企业和整个行业的发展，都不能搞"唯经济效益"。

目前有一些成果案例值得学习和借鉴。故宫博物院作为中华优秀传统文化的重要载体，近年来在文化产业方面取得了显著成效。故宫博物院在坚持将社会效益放在首位的前提下，充分利用自身丰富的文化资源，开发一系列具有创新性和市场潜力的文化产品。腾讯公司作为中国最大的互联网企业之一，其网络游戏产业，坚持社会效益和经济效益相统一的原则，取得显著的发展成果。一方面，腾讯公司注重游戏的健康性和教育性，推出多款具有正面价值观和文化内涵的网络游戏产品。例如，《王者荣耀》等游戏在设计中融入了丰富的中国传统文化元素，通过游戏的方式向玩家传播传统文化知识。另一方面，腾讯公司也注重网络游戏产业的经济效益。通过不断创新游戏产品和优化用户体验，吸引了大量玩家群体，实现了较高的市场占有率和盈利能力。同时，腾讯公司还积极探索游戏产业的跨界融合，与影视、动漫、文学等产业进行合作，推动游戏产业链的延伸和拓展。

文化产业的高质量发展是实现社会主义文化繁荣兴盛的重要途径。在推动文化产业发展的过程中，必须始终坚持把社会效益放在首位、实现社会效益和经济效益相统一的原则。通过深化文化体制改革、推动文化产业创新、扩大优质文化产品供给等措施，可以不断提升文化产业的发展质量和水平。同时，还需要加强政府与市场的协调配合，完善相关机制和政策环境，为文化产业的高质量发展提供有力保障。只有这样，才能满足人民群众日益增长的精神文化需求，推动文化产业成为国民经济的重要支柱产业之一。

第三节　加强文化遗产保护和利用

文化遗产是民族历史的见证，是文化血脉的延续，承载着无数先辈的智慧与汗水。加强文化遗产的保护和利用，不仅是对民族记忆的守护，更是对文化多样性的尊重与传承，不仅能够增强民族自豪感，凝聚民族精神，还能够为文化创新提供源源不断的灵感与素材，推动文化的繁荣发展。

在加强文化遗产保护的过程中，必须正确处理保护和利用的关系。保护是前提，利用是目的，两者相辅相成，不可偏废。在确保文化遗产安全、完整的基础上，合理开发其文化价值，让文化遗产活起来，走进人们的生活，成为推动社会进步的重要力量。文化遗产的保护利用不是孤立的，要与经济社会发展相协调、相促进。通过文化遗产的保护利用，带动相关产业的发展，促进经济结构的优化升级，实现文化遗产保护利用与经济社会发展的双赢。

一、加强文化遗产保护和利用的重要意义和特殊价值

文物承载灿烂文明、传承历史文化、维系民族精神，是加强社会主义精神文明建设的深厚滋养。文物和文化遗产是从人类社会活动中遗留下来的，是国家、民族发展的重要历史见证和社会文明进步的重要标志。习近平总书记强调要加强文物和文化遗产保护利用，引导干部群众树立正确的国家观、民族观、历史观、宗教观。

文化遗产是人类历史发展的见证，记录了人类文明的起源、发展和演变过程。无论是物质文化遗产如古建筑、遗址遗迹，还是非物质文化遗产如传统技艺、民俗活动，都是人类历史的记忆库。通过保护和利用这些文化遗产，可以追溯历史，了解祖先的生活方式、思想观念和社会结构，从而加深对人类文明的认识和理解。文化遗产，作为人类历史长河中的宝贵财富，承载着丰富的历史信息、科学知识和艺术价值，不仅是民族文化的象征，更是人类文明的瑰宝。随着现代化、国际化进程的加快和现代化的不断推进，文化遗产的

保护和利用面临着前所未有的挑战和机遇。

文化遗产是民族文化的重要组成部分，体现了民族文化的独特性和多样性。保护和利用文化遗产，有助于增强民族认同感和文化自信心。通过展示和传播文化遗产，人们可以更加清晰地认识到自己所属文化的独特价值和魅力，从而增强对本土文化的认同感和归属感。这种文化认同感的增强，对于维护社会稳定、促进民族团结具有重要意义。

文化遗产是吸引游客的重要资源。合理开发和利用文化遗产，可以推动文化旅游的繁荣和发展。许多地方通过挖掘文化遗产的旅游资源价值，开发特色旅游产品，吸引大量游客前来参观游览，从而带动当地经济的增长。文化遗产旅游不仅为游客提供独特的文化体验，也为当地居民提供就业机会和收入来源。

文化遗产的保护和利用还促进文化产业的兴起和发展。文化产业是以文化为核心内容的产业形态，包括文化创意、文化娱乐、文化传播等多个领域。创意转化和创新利用文化遗产，可以开发出具有市场竞争力的文化产品和服务，推动文化产业的快速发展。文化产业的兴起不仅为经济增长提供了新的动力源泉，也为文化创新和文化传播提供了广阔的平台。

文化遗产蕴含着丰富的科学知识和技术成果。通过对文化遗产的研究和挖掘，可以了解古人的科学思维、技术水平和创新能力。例如，古埃及的金字塔、中国的长城等古代建筑，展示了古人在建筑学、工程学等方面的卓越成就；而一些传统技艺如造纸术、印刷术等，则体现了古人在科学技术方面的创新精神和实践能力。这些科学价值不仅为现代科技的发展提供借鉴和启示，也为人类文明的进步作出重要贡献。

文化遗产是人类艺术创造的重要成果，无论是物质文化遗产如绘画、雕塑、工艺品等，还是非物质文化遗产如音乐、舞蹈、戏剧等，都体现了人类艺术的独特魅力和审美价值。通过对文化遗产的欣赏和研究，可以领略到古代艺术的精湛技艺和独特风格，感受到古人的审美观念和艺术追求。这些艺术价值不仅为现代艺术创作提供灵感和源泉，也为人类文明的传承和发展作出重要贡献。

文化遗产是人类文化多样性的重要体现，保护和利用文化遗产，有助于向世界展示不同文化的独特魅力和价值，促进国际文化交流与合作。举办文化遗产展览、演出等活动，让不同国家和地区的人们更加深入地了解彼此的文化传统和风俗习惯，从而增进相互之间的理解和尊重。

文化遗产还具有重要的社会价值，不仅是民族文化的象征，更是社会凝聚力和向心力的源泉。保护和利用文化遗产，可以增强社会的文化认同感和归属感，促进社会的和谐稳定。同时，保护和利用文化遗产还可以为社区居民提供休闲娱乐和文化教育场所，丰富他们的精神文化生活。这些社会价值对于维护社会稳定、促进社会发展具有重要意义。

文物和文化遗产承载着无可替代的历史、文化及社会价值，是展现各民族间交往、交流与交融深厚历史底蕴的宝贵实证，也是深化与拓展中华民族共同体历史及中华民族多元一体格局科学研究的重要史据，更是铸牢中华民族共同体意识、生动讲述中国故事、彰显文化自信的鲜活素材。

二、正确处理文化遗产保护和利用的关系

文化遗产是中华文明的重要组成部分，承载着中华民族的基因和血脉。赓续中华文脉、做好文化遗产的保护和利用，是一项功在当代、利在千秋的崇高事业。至 2024 年底，我国拥有 76 万多处不可移动文物、1.08 亿件 / 套国有可移动文物，40 项世界文化遗产及 4 项世界文化和自然双遗产，是名副其实的文物资源大国。随着经济社会的发展，文化遗产保护与利用的关系日益复杂，如何正确处理这一关系成为亟待解决的问题。

文化遗产的保护和利用，具有相互制约的矛盾性。偏重保护，就会制约利用而不能充分发挥文化遗产的资源效益；偏重利用，就会影响保护，甚至对文化遗产造成损害。例如，一些文物保护单位没有创造条件开放或全部开放，限制了人们的游览和观赏。同时，一些地区为经济利益驱动，对文化遗产资源开发过度，造成对文化遗产的破坏。

文化遗产价值的体现，能够让民众明了保护的意义进而形成保护的意识。其综合价值的充分体现，更能够激发广大民众保护文化遗产的热情而自觉参与保护工作。文化遗产全面和有效的保护，需要全民自觉参与。保护文化遗产主要是国家的责任，其资金来源也

主要是国家的财政投入。利用文化遗产的经济价值而获得经济效益，可以弥补国家财政投入的不足，甚至可以为国家或地方的经济发展作出贡献。例如，陕西临潼的秦始皇陵、秦兵马俑博物馆和华清池每年的门票及其他综合收入达 10 多亿元，成为地方财政收入的重要来源，同时也为文化遗产的保护提供了资金支持。

当前在对历史文化遗产的保护中存在两种值得注意的倾向：一种是对历史文物保护工作重视程度不够，人员、经费、精力投入不足，一些文物自然、人为损毁严重。例如，一些地方政府对文化遗产保护的认识不足，缺乏长远规划，导致文化遗产在城市化进程中遭到破坏。另一种则是违背最小干预原则，对历史文物过度保护、过度修复以及对不可移动文物可移动化保护等。这种做法不仅浪费了大量的人力、物力和财力，还可能对文化遗产造成不可逆转的损坏。例如，一些地方为了打造所谓的"文化地标"，对文化遗产进行不恰当的修复和改造，破坏了文化遗产的真实性和完整性。当前许多地方积极推动文化遗产传承保护和活化利用，探索文旅融合发展路径。然而，利用失当、过度商业化问题也不同程度存在。或是野蛮利用、缺少维护，或是私搭乱建、不伦不类，或是拆古建新、损毁本体，种种做法不仅破坏了文化遗产的肌体，也割裂了原本的历史文脉。

可从以下六个方面加强文化遗产保护和利用。第一，坚持保护第一，树立科学保护理念。历史文化遗产是不可再生、不可替代的宝贵资源，必须坚持保护为先。既要防止疏于保护，也要防止过度干预。一方面，切实提高思想认识，落实保护主体责任，加大资源投入力度，强化督促问责，确保"保护为主、抢救第一、合理利用、加强管理"的工作方针落到实处。另一方面，树立科学保护理念，充分考虑和平衡好技术干预措施的必要性、可靠性、合理性，使历史文化遗产的核心价值得到真实完整有效的保护。

第二，统筹保护好物质文化遗产和非物质文化遗产。非遗是中华优秀传统文化在当代的活态呈现。我国是非遗大国，在保护好文物、建筑、遗址等物质文化遗产基础上，更加重视保护好非物质文化遗产。例如，利用数字化手段建立图像、音频、视频等非遗数据库，实现长久利用保护。注重培养具有匠心的非遗青年人才，使传承历史文脉成为社会共识，让越来越多的群众特别是青少年认识认同历史文化遗产的魅力和价值。

第三，在历史文化遗产保护中下足"绣花功夫"。在保持街区历史风貌和文化根脉的前提下，修缮受损建筑、优化结构布局、创新新中式表达、植入特色业态，让历史文化和现代生活融为一体，产城人文深度融合。例如，在城市规划建设中，既要大胆用现代建筑与设施置换那些缺乏历史价值的街区，也要高度注重文明传承、文化延续，让城市留下记忆，让人们记住乡愁。

第四，找到传统文化和现代生活的连接点，让文化遗产活起来。让更多文物和文化遗产融入现代生活"用起来"，融入网络传播"火起来"，融入文化时尚"潮起来"。我国已基本建成类型丰富、主体多元、普惠均等的现代博物馆体系，这是文物活化利用的重要场所。

在此基础上，找到传统文化和现代生活的连接点，让收藏在博物馆里的文物、陈列在广阔大地上的遗产、书写在古籍里的文字都活起来，走进老百姓的日常生活之中。通过互动体验、文创产品、文艺作品等多种形式，将文物和文化遗产蕴含的历史知识、传统文艺、科学智慧等内容转化为富有时代特征和民族特点的现代生活要件。

第五，运用科技手段为文化遗产赋能。善于运用科技手段为文化遗产赋能。基于 AI、区块链等新技术实现文博资产数字化，整合全球博物馆以及文创、影视、动漫游戏企业等产业上下游资源入驻，建设数字文博大平台，实现文博资产可观看、可交易、可交互、可开发、可衍生。这将有助于文化遗产的传承和保护，同时也为文化遗产的利用开辟新的途径。

第六，加强文化遗产的国际交流与合作。蕴含着丰富历史智慧和深厚文化底蕴的文化遗产，不仅是中国人民和中华民族的骄傲，也是全人类的共同财富。让更多文物和文化遗产"活起来"，注重走出去、请进来"双轮驱动"，借文化消费东风、搭文旅发展快船、以活动营销加持，开展多种多样的文化遗产国际交流活动。切实发挥文化遗产出境展览、联合考古、文保援助等项目在促进民心相通、保障合作共赢、提升国家形象等方面的重要作用。

文物和文化遗产是中华优秀传统文化的重要组成部分，是历史的生动见证，是中华文化、中国精神的载体，蕴含着特殊的文化价值，是联系各民族情感的纽带、维系国家统一的实证资料，正确处理文化遗产保护与利用的关系，是一项复杂而艰巨的任务。

三、正确处理文化遗产保护利用与经济社会发展的关系

文化遗产是民族历史与文化的见证，是连接过去与未来的桥梁。然而，随着我国经济社会的快速发展，文化遗产的保护和利用面临着前所未有的挑战。一方面，经济发展带来的城市化进程加速了文化遗产的消失与破坏；另一方面，人民精神文化需求的增长对文化遗产的保护和利用提出了更高要求。

长期以来，文化遗产保护被视为经济发展的包袱，认为保护文化遗产会制约经济发展。然而，这种观念是片面的。事实上，文化遗产保护与经济发展并非零和博弈，而是相得益彰。通过合理规划与科学管理，可以在保护文化遗产的前提下，充分挖掘其经济价值，实现文化遗产保护与经济发展的双赢。

强化文化遗产的展示与文化产品的开发。文化遗产的展示是文化遗产保护和管理的重要组成部分。传统的实体展示方式已经越来越不能满足大众的文化需求。需要加强对文化遗产的展示力度，利用新媒体、新技术等手段，全方位、立体式地展示文化遗产的内涵价值。同时，应加大对文化产品的开发力度，将文化遗产元素融入现代生活，满足当代人的精神文化需求。文化遗产的展示不应局限于物质实体的展示，还应包括与其相关的物质和非物质要素。通过文字、图像、虚拟模型、数字媒体技术等多种方式，全方位、多角度地展示文化遗产的历史文化价值。此外，搭建各种文化遗产展示的新平台，如文化遗产博物馆、数字文化遗产库等，让更多人能够

方便地了解和欣赏文化遗产。文化遗产承载着丰富的历史和文化信息，是文化创意产业的重要灵感来源。可以将文化遗产元素融入现代设计，开发出具有独特魅力的文化产品。这些产品不仅可以满足当代人的审美需要，还可以传播和弘扬传统文化。同时，通过与周边产业、产品的结合，形成文化遗产产业链，进一步推动经济发展。

发挥大众参与在文化遗产保护中的作用。文化遗产保护是一项全民性的事业，需要广大民众的积极参与。许多民众对文化遗产保护的知识了解不够，需要通过文化宣传教育，提高民众的文化遗产保护意识，让他们认识到文化遗产的重要性，尊重并珍惜文化遗产。积极探索大众参与文化遗产保护的有效途径，如召开听证会、座谈会等，广泛征求民众的意见和建议。同时，通过文物补偿机制等激励措施，激发民众参与文化遗产保护的积极性。此外，可以聘请民众担当文化遗产保护监督员，让他们参与文化遗产保护的具体工作，形成保护的整体合力。

拓宽和探索多渠道、多形式的经费来源途径，全面支持并鼓励社会资本投身文化遗产事业。政府资金无疑是文化遗产保护的重要支撑，还应当将目光投向更为广阔的天地。社会赞助是不可忽视的一环，能够汇聚起社会各界的点滴力量。企业可以赞助文化遗产保护项目，在履行社会责任的同时，还能提升品牌形象，实现双赢。此外，可以充分利用文化旅游的收入，将文化遗产的魅力转化为经济动力，反哺文化遗产的保护工作。这些多元化、多层次的经费来源方式，可以为文化遗产保护事业提供源源不断、充足稳定的资金支持，确保这一事业能够持续、健康发展。

第四节　推动以文化为主体的跨界融合

在当今社会，文化的力量日益凸显，其跨界融合已成为推动社会发展的重要动力。文化在跨界融合中占据着重要地位，不仅是融合的灵魂，更是引领融合方向的关键。因此，我们必须高度重视并充分发挥文化在跨界融合中的引领作用。

以文化为主体的跨界融合，具有多元性、开放性和创新性的特点。多元性意味着融合不是单一的文化元素相加，而是多种文化元素的交融共生；开放性要求在融合过程中保持开放的心态，积极吸纳各方优秀文化元素；创新性是推动融合不断向前发展的动力源泉，只有不断创新，才能让融合产生更大的价值。

一、强调文化在跨界融合中的核心地位

随着科技的飞速发展和社会的不断进步，跨界融合已成为推动各个领域创新发展的重要途径。在这一过程中，作为人类社会的精神支柱和智力源泉，文化的重要性日益凸显。文化不仅塑造人们的价值观、行为方式和审美观念，还深刻影响着经济社会的发展方向和模式。因此，在推动以文化为主体的跨界融合中强调文化的重要性，对于促进文化繁荣、推动社会创新、提升国家软实力具有重要

意义。

文化是人类在长期历史发展过程中积累传承而凝聚的人文精神及其物质表现的总体体系，是人类共同创造并赖以生存的物质与精神方面的总和。文化具有多样性、传承性、创新性和包容性等特点，使得文化在跨界融合中能够发挥独特的作用。在跨界融合中，作为不同领域、不同行业之间的桥梁，文化能够促进信息的交流与沟通。不同领域、不同行业之间的文化差异往往成为合作与交流的障碍，而文化作为共同的语言和纽带，能够消除误解和偏见，增进相互了解，为跨界融合创造有利条件。例如，在文化旅游融合中，文化作为旅游的灵魂，为旅游活动提供了丰富的内涵和独特的体验，促进了旅游业的繁荣发展。

文化是人类社会不断进步的源泉，具有创新性和发展性。在跨界融合中，文化作为驱动力，能够激发人们的创造力和创新精神，推动新技术、新产品的产生。文化为跨界融合提供丰富的素材和灵感，促进不同领域、不同行业之间的交叉渗透与整合。例如，在文化创意产业中，文化作为创意的源泉，为产品设计、广告宣传、市场营销等提供独特的视角和思路，推动文化创意产业的蓬勃发展。

在跨界融合中，文化认同能够增进不同领域、不同行业之间的理解和信任，促进合作与交流的顺利进行。文化认同是人们对自身所属文化以及文化群体内部产生的归属感及内心的承诺，从而获得、保持与创新自身文化属性的社会心理过程。文化共鸣也能够激发人们的共同情感和兴趣，推动跨界融合的创新发展。例如，在影视产业中，不同文化背景的创作者通过共同的文化主题和情感共鸣，能够创作出跨越国界的优秀作品。

文化创新是推动跨界融合的重要动力。通过文化的传播与交流，不同领域、不同行业之间的知识和技术能够相互借鉴和融合，产生新的经济增长点和商业模式。文化融合则促进不同产业之间的交叉渗透与整合，推动产业升级与转型。例如，在制造业与互联网的融合中，工业互联网平台使得企业能够实时监控生产设备的运行状态，提前预测设备故障，实现预防性维护。这种融合不仅提高了生产效率和产品质量，还推动了制造业的智能化和数字化转型。

在跨界融合中，文化价值能够赋予产品和服务独特的魅力和个性，吸引消费者的关注和喜爱。文化价值是产品和服务的重要组成部分，能够提升产品的附加值和市场竞争力。文化价值还能够塑造品牌形象和企业文化，提升企业的知名度和美誉度。文化在跨界融合中也有许多成功的案例。例如，乌镇戏剧节联动北京环球影城，通过跨界融合的方式让到访游客沉浸式"入戏"。北京环球影城将"大片世界"带进江南水乡，为戏剧节观众和游客带来耳目一新的高品质文化娱乐体验。这种融合不仅打破地域界限和对不同文化的固有印象，还激发游客日后亲身走进北京环球影城、实现更为丰富的沉浸式娱乐体验。这一案例充分展示文化与旅游融合的独特魅力和巨大潜力。

然而，文化在跨界融合中也面临挑战。一方面在于文化差异与冲突。不同领域、不同行业之间的文化差异会成为合作与交流的障碍。克服文化差异带来的障碍，实现文化的有效融合，是跨界融合面临的重要挑战。另一方面在于文化创新与传承的平衡。在跨界融合中，文化创新是推动发展的重要动力。然而，如何在文化创新的过程中保持传统文化的精髓和特色，实现文化创新与传承的平衡，也是亟待解决的问题。

在跨界融合中，如何深入挖掘和提升文化价值，使文化成为推动经济社会发展的重要力量，是需要深入思考和探讨的问题。一方面要加强文化交流与沟通。增进不同领域、不同行业之间的理解和信任，促进合作与交流的顺利进行。举办文化节庆活动，展示不同文化的魅力和特色，推动文化的相互借鉴和融合。另一方面要注重文化创新与传承的平衡。文化创新要注重挖掘和传承传统文化的精髓和特色，实现文化创新与传承的平衡。同时，鼓励和支持文化创意产业的发展，为文化创新提供有力支撑。此外应深入挖掘和提升文化价值，加强文化资源的整合和开发，挖掘和提升文化价值。此外，注重传播和推广文化价值，使文化成为推动经济社会发展的重要力量。

二、重视以文化为主体跨界融合的多元性、开放性、创新性

跨界融合作为一种新兴的发展模式，正逐渐渗透到文化领域，为文化的传承与创新注入新的活力。以文化为主体，推动跨界融合，不仅有助于拓展文化的传播渠道、丰富文化的表现形式，更能促进文化的多元化发展、增强文化的开放性和创新性。

　　跨界融合打破传统文化形式的单一性，促进文化形式的多样化发展。一方面，传统文化可以通过与现代艺术形式的结合，创造出具有新颖表现手法的文化作品。如将古典诗词与现代音乐相结合，创作出具有古典韵味和现代节奏的音乐作品。另一方面，传统文化可以与新兴媒体形式相结合，拓展传播渠道。如利用短视频平台传播传统文化知识，通过短视频的直观性和趣味性吸引更多年轻受众关注传统文化。不同领域、不同背景的人都可以成为文化跨界融合的受众。例如，在文化旅游领域，将传统文化元素融入旅游产品，可以吸引来自不同国家和地区的游客，让他们在旅游过程中体验和学习传统文化。这种融合促进了文化的传播，增强了文化的国际影响力。

　　文化跨界融合的多元性，主要体现在融合主体和融合对象的多元性。从融合主体来看，不仅文化企业是融合主体，而且其他各类企业、社会组织乃至个人都可以成为融合主体。在跨界融合的过程中，各类主体都可以发挥独特作用，共同推动文化的创新与发展。从融合对象来看，文化与科技、旅游、金融以及其他相关产业都可以融合，形成文化科技融合、文化旅游融合、文化金融融合等不同的融合形态；文化与不同学科融合，形成文化人类学、文化社会学、文化经济学、文化地理学等不同的交叉学科；文化与不同行业、领域融合，可以拓展文化发展空间，创新文化发展业态。比如，文化与创意设计融合，可以大大提升文化产品的附加值和竞争力；文化与商业融合，可以形成特色文化商业和商业模式；文化与城市建设融合，可以提升城市文化品位和宜居水平。文化跨界融合的多元性，要求我们在新时代文化建设中拓宽视野和思路，打破传统观念和思维定势，以更加开放包容的心态和更加灵活多样的方式推进文化建设。鼓励和支持各类企业、社会组织和个人积极参与文化建设，发挥它们在文化建设中的主体作用和创造活力；积极拓展文化融合的对象和范围，推动文化与相关产业、行业、领域、学科的深度融合，形成多元共融、协同发展的文化生态。

文化跨界融合的开放性，主要体现在融合过程和融合结果的开放性。从融合过程来看，文化跨界融合是一个动态开放的过程。它不是一蹴而就的，而是需要经历从初步融合到深度融合的不同阶段和过程。在这个过程中，融合主体和融合对象之间需要不断进行信息交流、资源共享和优势互补，不断调整和优化融合策略和方式，以推动融合向更深层次、更高水平发展。开放性的融合过程有助于促进创新思维的产生和资源的有效配置。从融合结果来看，文化跨界融合的结果也是开放的，它不会形成固定的或封闭的模式或形态，而是随着融合主体和融合对象的变化以及外部环境的变化而不断变化和发展。文化跨界融合的开放性，要求在新时代文化建设中保持敏锐的洞察力和前瞻性的战略眼光，及时捕捉和把握文化跨界融合的新趋势、新机遇。加强对文化跨界融合过程的管理和引导，建立健全融合体制和机制，为融合主体和融合对象提供良好的融合环境和条件；还要加强对文化跨界融合结果的研究和评估，及时总结和推广融合的成功经验和做法，不断推动文化跨界融合向更高水平、更深层次发展。

文化跨界融合的创新性，主要体现在融合模式和融合产品的创新性。从融合模式来看，文化跨界融合打破传统单一的文化发展模式，形成多元共融、协同发展的新模式。这种新模式不仅有利于文化资源的优化配置和高效利用，而且有利于文化创新力的激发和释放。比如，文化与科技融合形成数字文化、网络文化等新型文化形态；文化与旅游融合形成文化旅游、红色旅游等新型旅游业态；文化与金融融合形成文化金融、文化投资等新型金融业态。这些新型文化形态和业态的出现，为文化建设注入新的活力和动力。跨界融合是文化创新的重要途径，有助于打破传统界限，推动文化的多元化发展。从融合产品来看，文化跨界融合催生一系列具有创新性和独特性的文化产品。这些文化产品不仅进一步满足人民群众日益多样化的精神文化需要，而且提升了文化产业的竞争力和影响力。比如，数字文化产品、文化旅游产品、文化创意产品等都具有鲜明的创新性和独特性，它们以新颖的形式、丰富的内容和独特的魅力吸引众多消费者的关注和喜爱。文化跨界融合的创新性，要求在新时代文化建设中树立创新理念和创新思维，把创新作为推动文化建设的强大动力。加强对文化跨界融合模式和机制的创新研究和实践探索，不断推动文化跨界融合向更高层次、更宽领域发展；还要加强对文化跨界融合产品的创新开发和市场推广，努力打造更多具有自主知识产权和核心竞争力的文化产品和服务品牌。

文化跨界融合是新时代文化发展的重要特征和趋势，也是新时代文化建设需要重视和研究的重大课题。要深刻认识文化跨界融合的重要意义和基本特征，积极探索文化跨界融合发展的路径和措施，为新时代文化建设注入新的活力和动力。同时，保持清醒的头脑和战略定力，不断加强对文化跨界融合发展的研究和探索力度，推动文化跨界融合向更高层次、更宽领域、更深程度发展。

三、推动文化与旅游、教育、体育等领域的深度跨界融合

当前，文化与旅游、教育、体育等领域的深度跨界融合已成为推动经济社会发展的新趋势。这种融合不仅能够丰富人们的文化生活、提升旅游体验，还能促进产业转型升级、实现经济的高质量发展。

文化与旅游、教育、体育等领域在需求方面具有高度的一致性。文化满足人们的精神文化需求，旅游提供休闲放松的体验，教育追求知识的获取与能力的提升，体育则关注身体健康与运动技能的锻炼。这四个领域的需求相互交织，形成跨界融合的内在动力。例如，人们在旅游过程中不仅希望欣赏自然风光，还渴望了解当地的文化历史和风土人情；教育旅游则通过旅游活动融入学习内容，使学习更加生动有趣；体育旅游则将体育活动与旅游体验相结合，满足人们的健康娱乐需求。

文化与旅游、教育、体育等领域的融合能够实现资源共享，丰富产品和服务的内容。文化资源可以为旅游、教育和体育活动提供深厚的文化底蕴，旅游资源则为文化展示和体验提供广阔的舞台，教育资源能够提升人们的文化素养和认知水平，体育资源则增强人

们的身体素质和运动技能。这种资源共享不仅提升产品的文化内涵和旅游价值，还通过技术交流与合作，实现产业间的优势互补和共同发展。文化与旅游、教育、体育等领域的融合可以优化产业价值链。通过共享资源、技术和市场等要素，降低成本，提高效率，实现互利共赢。例如，体育旅游通过体育赛事的举办，吸引大量游客，带动当地住宿、餐饮、交通等相关产业的发展；教育旅游则通过开发文化旅游产品，将教育资源与旅游资源有机结合，形成新的经济增长点。

技术的进步与创新为文化与旅游、教育、体育等领域的融合提供有力支撑。数字化技术、互联网技术等现代技术的应用，使得跨界融合更加便捷和高效。例如，通过虚拟现实（VR）和增强现实（AR）技术，人们可以在旅游过程中身临其境地体验历史事件和文化场景；在线教育平台则为教育旅游提供丰富的学习资源和便捷的学习方式。

近年来，文化与旅游融合已成为推动旅游业高质量发展的重要途径。各地纷纷推出文化旅游项目，如文化主题公园、历史文化街区、非物质文化遗产体验基地等。这些项目不仅吸引大量游客，还提升旅游产品的文化内涵和附加值。如河北秦皇岛首钢赛车谷利用原厂址转型打造，实现文体旅的深度融合，不仅拥有国内唯一的国际卡丁赛道和国际标准二级赛道，还通过线上线下相结合的方式，积极打造汽车文化旅游社交圈。这种创新方式吸引了大量游客前来观赛和参赛，同时带动了周边住宿、餐饮、交通等相关产业的发展。

当下，文化与旅游、教育、体育等领域跨界融合的挑战仍面临诸多挑战。第一，资源整合难度大。文化与旅游、教育、体育的融合需要整合多方面的资源，包括文化资源、旅游资源、教育资源和体育资源等。由于这些资源分散在不同的部门和领域，整合难度较大。例如，在文化资源的保护与开发、旅游资源的规划与利用、教育资源的配置与优化、体育资源的建设与运营等方面都存在着一定的协调难度。第二，产业发展不平衡。在文化与旅游、教育、体育的融合过程中，不同产业的发展速度和水平存在差异。一些地区可能拥有丰富的文化资源和旅游资源，但教育资源和体育资源相对匮乏；或者一些地区在体育产业方面发展较快，但在文化和旅游产业方面还有待提升。这种产业发展不平衡的现象制约了跨界融合的整体效果。第三，市场需求多样化。随着人们生活水平的提高和消费观念的转变，游客对文化旅游产品的需求日益多样化。不同年龄段、不同职业背景、不同兴趣爱好的游客对文化旅游产品的需求各不相同。如何满足不同游客的个性化需求，成为跨界融合面临的重要挑战。第四，政策支持不足。尽管文化和旅游部已经发布促进跨界融合的文件，但在实际操作过程中，政策支持力度仍有待加强。

面对以上挑战，建议在推动文化与旅游、教育、体育等领域的跨界融合中注意做到以下几点：

首先，提供政策支持。引导和支持文化与旅游、教育、体育等领域的融合发展。例如，设立专项资金，支持文化旅游项目、教育旅游项目和体育旅游项目的开发与建设；制定相关标准和规范，确保跨界融合的有序进行；加强产业间合作，建立文化旅游发展联盟、教育旅游联盟和体育旅游联盟等组织，推动产业间的资源共享和优势互补。

其次，发挥市场在资源配置中的决定性作用，推动文化与旅游、教育、体育等企业的战略合作。鼓励企业跨行业、跨领域合作，共同开发文化旅游产品、教育旅游产品和体育旅游产品。通过市场化运作，实现资源共享和利益共享，激发市场活力，推动跨界融合的发展。

再次，挖掘文化与旅游、教育、体育的各类资源，将文化资源与旅游资源、教育资源与旅游资源、体育资源与旅游资源有机结合。创新产品和服务形式，提高市场竞争力。例如，将非物质文化遗产与旅游相结合，开发文化旅游体验项目；将教育内容与旅游活动相结合，推出研学旅行产品；将体育活动与旅游体验相结合，打造体育旅游品牌项目。

最后，需加强文化与旅游、教育、体育的技术创新与应用，推动数字化、智能化等技术在跨界融合中的普及与渗透。通过技术手段提升融合产业的管理水平和效率，提高产品的吸引力和竞争力。例如，利用虚拟现实技术打造沉浸式文化旅游体验项目；利用大数据分析游客需求和行为特征，为产品开发提供精准定位；利用人工智能技术提供个性化的旅游服务体验。

文化与旅游、教育、体育等领域的深度跨界融合是推动经济社会高质量发展的重要途径。通过政策支持、市场运作、资源整合和技术创新等多方面的努力，可以实现产业间的资源共享和优势互补，提升产品的文化内涵和旅游价值，满足游客的多元化需求。未来，随着科技的不断进步和人们消费观念的转变，文化与旅游、教育、体育等领域的跨界融合将迎来更加广阔的发展前景。需要继续深化研究，探索更加有效的融合模式和发展路径。

第五节　讲好中国故事、塑造中国形象

在全球化日益加深的今天，讲好中国故事、塑造中国形象，已成为对外交流的重要任务。讲好中国故事，不仅是传递中国声音、展示中国魅力的有效途径，更是塑造可信、可爱、可敬中国形象的关键所在。每一个生动、真实的中国故事，都是中国形象的一个窗口，让世界得以窥见中国的文化底蕴、发展成就和民族精神。

为了更好地讲好中国故事，需要构建具有中国特色的话语体系和叙事体系。这意味着要用中国的话语来表达中国的思想，用中国的叙事方式来讲述中国的故事，让世界在理解和认同中感受中国的独特魅力。

同时，还要不断创新讲述方式，提高传播效果。在信息化、数字化的时代背景下，充分利用新媒体、新技术，以更加生动、形象、直观的方式展现中国故事，让世界了解中国、认识中国、爱上中国。

一、讲好中国故事与塑造中国形象的关系

当前，世界局势、时代潮流、历史进程正以前所未有的速度和规模发生深刻变革，国际传播格局与国际话语场也随之面临前所未有的调整，展现出一系列新的变化与特点。党的二十届三中全会通过的决定明确要求"构建更有效力的国际传播体系"[①]，对加速推进国际传播格局的重构、全面提升国际传播的效能提出了要求。

讲好中国故事可以增强国家形象的真实性。通过讲述真实的中国故事，可以让国际听众更加客观地了解中国的历史、文化、经济、社会等各个方面，消除他们对中国的误解和偏见。讲述中国发展历程和经济特区的建立，可以让国际听众更加客观地了解中国经济的快速发展和现代化进程。

讲好中国故事提升国家形象的立体性和全面性。通过讲述不同领域、不同层面的中国故事，让国际听众更加全面地了解中国的各个方面。例如，通过讲述中国的历史文化故事、社会故事以及经济故事等，让国际听众更加全面地了解中国的文化魅力、社会进步和经济发展。这种立体性和全面性的国家形象的展现有助于提升中国的国际吸引力和影响力。

讲好中国故事展现国家形象的文化内涵和软实力。通过讲述具

---

① 《中共中央关于进一步全面深化改革　推进中国式现代化的决定》，《人民日报》2024 年 7 月 22 日。

有深厚文化内涵和价值的中国故事，让国际听众更加深入地了解中国的文化魅力和创新精神。例如，通过讲述中国的传统文化艺术和现代文化创新成果，让国际听众更加欣赏和认同中国的文化软实力。这种文化内涵和软实力的展现有助于提升中国的国际地位和声誉。

国家形象是在国家间社会互动的基础上形成的一种相互认同关系，体现了国际社会各国通过交往互动对某一国家所赋予的身份认知和映射。国家形象具有建构性、主体间性、集合性、可塑性和相对稳定性等多重特征。一个良好的国际形象，不仅能够凭借其内在的说服力和感召力，赢得他国的自觉认同，有效抵御不良媒体的蓄意抹黑，从而进一步巩固和提升该国的国际话语权；同时，能对国家自身的话语体系产生积极的反哺效应，推动国家制度的不断完善，妥善解决存在的结构性问题，凝练出独特的核心价值观念，并巩固话语理论的基础，进而增强国家话语体系的说服力和感召力。

二、建构中国话语和中国叙事体系

新时代新征程，习近平总书记对构建中国话语和叙事体系作出新的战略部署，并提出明确要求。党的二十大报告指出："增强中华文明传播力影响力。"强调要"坚守中华文化立场，提炼展示中华文明的精神标识和文化精髓，加快构建中国话语和中国叙事体系，讲好中国故事、传播好中国声音，展现可信、可爱、可敬的中国形象。

加强国际传播能力建设，全面提升国际传播效能，形成同我国综合国力和国际地位相匹配的国际话语权。深化文明交流互鉴，推动中华文化更好走向世界"①。在 2023 年全国宣传思想文化工作会议上，习近平总书记进一步提出"七个着力"的指导思想，其中特别强调要"着力加强国际传播能力建设、促进文明交流互鉴，充分激发全民族文化创新创造活力，不断巩固全党全国各族人民团结奋斗的共同思想基础，不断提升国家文化软实力和中华文化影响力"②。

加强国际传播能力建设已成为全国宣传思想文化工作的核心任务之一，而加快构建中国话语和叙事体系则是实现这一任务的关键举措。构建具有中国特色的传播叙事话语体系，有助于促进中外文化交流与互鉴，增进各国人民之间的友谊与理解。文化交流与互鉴是推动世界文化繁荣发展的重要动力。文化自信是国家话语权构建的基础，而文化交流则是增强国家话语权的重要途径。通过讲述中国故事、传播中国声音，让世界更加了解中国的历史、文化和价值观，同时也为中国学习借鉴世界各国的优秀文化成果提供契机。国家形象和国际地位是一个国家在国际社会中的综合表现。构建有效的传播叙事话语体系，有助于提升中国的国家形象和国际地位。提

---

① 习近平：《高举中国特色社会主义伟大旗帜　为全面建设社会主义现代化国家而团结奋斗——在中国共产党第二十次全国代表大会上的报告》，《人民日报》2022年 10 月 26 日。

② 《习近平对宣传思想文化工作作出重要指示强调　坚定文化自信秉持开放包容坚持守正创新　为全面建设社会主义现代化国家　全面推进中华民族伟大复兴提供坚强思想保证强大精神力量有利文化条件》，《人民日报》2023 年 10 月 9 日。

升国家叙事能力是增强国际话语权、提升国家形象的重要途径。通过讲述中国故事、传播中国声音，让世界更加全面、客观地了解中国，增强国际社会对中国的认知和认同，从而提升中国的国家形象和国际地位。

构建具有中国特色的传播叙事话语体系，将中华文明置于人类文明发展进程中讲好中国故事。《中共中央关于党的百年奋斗重大成就和历史经验的决议》指出："党领导人民成功走出中国式现代化道路，创造了人类文明新形态，拓展了发展中国家走向现代化的途径，给世界上那些既希望加快发展又希望保持自身独立性的国家和民族提供了全新选择。"传播人类文明新形态的内涵与价值对建构中国话语和中国叙事体系有重要的促进作用。一方面，通过传播人类文明新形态的内涵与价值，构建大众文化层面的知识体系以及哲学社会科学中的理论体系。没有知识体系，任何文明都很难在世界上生存和发展。从知识创造的角度来看，正是伟大的知识创造造就了文明。要将人类文明新形态融入大众文化的知识系统，使之成为新时代知识体系的重要组成部分。只有构建起严格的知识和理论体系，最大限度挖掘人类文明新形态的思想潜力、最大限度地避免误读。要把马克思主义基本原理同中国具体实际相结合、同中华优秀传统文化相结合，让人类文明新形态理念展现出更强大、更有说服力的真理力量。另一方面，通过传播人类文明新形态，引导文化大整合，以形成更加合理的文化架构。这种合理的文化架构，不仅是人类文明新形态丰富内涵的体现，也是完成"从文化范式到文明形态"的巨大提升。我们所论及的合理的文化结构，应当体现"三个层次"和"两个时态"，即大众文化与精英文化的结合、外来文化与民族文化的结合、传统文化与现代文化的结合；此三个层次的前两个层次体现为"共时态"，第三个层次体现为"历时态"。人类文明新形态以前所未有的文化整合能力，将"三个层次"涉及的"六个方面"的文化（即大众的和精英的；外来的和民族的；传统的和现代的）予以全面整合并提升至文明的高度。①

构建具有中国特色的传播叙事话语体系，必须坚守中华文化主体性。中华文化是中华民族的精神家园和文化根基，要深入挖掘和展示中华优秀传统文化的精髓。坚守中华文化主体性是构建中国话语体系的基础，回溯中华民族的文化根脉，激活文明传统的精神内核，把中华优秀传统文化中具有当代价值、世界意义的文化精髓提炼出来、展示出来。同时，推动中华优秀传统文化的创造性转化和创新性发展，使其与现代社会发展相适应、相协调。

构建具有中国特色的传播叙事话语体系，必须立足中国实践，用中国理论阐释中国实践。立足中国国情，总结中国经验，提炼中国智慧，形成具有中国特色的理论体系。这一理论体系不仅要能够解释中国的发展成就，还要能够为世界各国提供借鉴和启示。如北京冬奥会是展示中国文化魅力的窗口，也是用中国理论阐释中国实

---

① 孟建：《人类文明新形态研究：中国传播学者的历史使命》，《新闻与传播评论》2023年第5期。

践的重要平台。通过用中国理论阐释中国实践，增强中国话语的说服力和感召力，提升中国的国际话语权。

创新话语表达方式，构建具有中国特色的传播叙事话语体系，使其更加贴近国际受众的认知习惯和审美需求。创新话语表达方式，提高话语的亲和力和感染力。运用生动鲜活的时代话语、通俗易懂的群众话语、言之成理的学术话语，在阐述"中国道路的大道理"和"中国故事的大智慧"过程中，融通中外的概念、范畴、表述和方式。同时，充分利用新媒体平台和技术手段，拓宽话语传播渠道，提高话语传播效率和覆盖面，推动传统媒体与新媒体的融合发展，形成全媒体传播格局。

当代中国，中国共产党领导人民进行的中国式现代化伟大实践为中华文化注入了新的活力，丰富了中国特色社会主义文化的内涵。构建中国话语和叙事体系，应立足中国、放眼世界，充分发扬中华文化的特色与优势，特别是其包容性，主动讲述中国式现代化的故事，积极吸纳人民群众的关切，及时回应国际社会的声音，创造出融通中外的新概念、新范畴、新表述。

另外，谨防陷入西方文化中心主义的泥潭。西方文化中心主义的影响依然存在，不时以各种形式干扰着我们的文化立场。在话语和叙事体系方面，一些敌对势力利用华丽的话语和叙事手法包装错误的价值观，借助现代最先进的数字技术，通过日常话语渗透诱导一些不明真相的人用西方的"民主""自由""人权"等概念来套用中国实际，产生崇洋媚外的心理；或者通过西方理论干扰学术话语，影响学术判断，用西方的现代化模式来评判中国式现代化。因此，构建中国话语和叙事体系，必须始终坚持中国共产党的领导，牢牢把握社会主义核心价值观这一根本遵循。

构建有效的传播叙事话语体系是提升国家文化软实力和国际话语权的重要途径。继续加强国际传播能力建设，创新话语表达方式，讲好中国故事、传播中国声音，为世界贡献更多的中国智慧和中国方案。同时，积极应对国际传播格局的深刻变革和挑战，不断提升中国话语的国际影响力和感召力。

三、创新讲述方式，提高传播效果

习近平总书记提出"讲好中国故事"，精准地指出了传播形态的重要性。即便是对受众相当有价值的理念，若用说教的方式讲出，也会让人难以接受。但若将其寓于一种生动的，能够使对方文明形态产生共鸣的传播形态，往往会产生出乎意料的传播效果。从学理上看，"讲好中国故事"也是叙事学关注的重要命题。叙事传播是赋予受众体验意义的一种基本方式，通过制造意义结构，叙事传播将事件和人类行为组织成一个整体。

创新讲述方式，应当以新概念彰显传播意识。传播意识是一种主动性思维，要求传播者在信息传递、受众反馈和预期效果之间进行有效的策略规划。构建和传播中国话语和中国叙事体系，必须树立强烈的传播意识，主动规划传播策略，确保信息能够准确、有效地传递给目标受众。"一带一路""中国式现代化""新质生产力"等融通中外的新概念，是构建中国话语和中国叙事体系的重要切口。新概念在传播中的意义和效果主要体现在两个方面：一是通过新概念的创造与诠释，更加准确、全面地展示中国的理念、政策和实践；二是通过新概念的传播与推广，引导国际社会对中国的认识和理解，促进全球对中国方案的认知与接受。例如，"一带一路"倡议的提出和传播，不仅让世界了解中国的发展理念和合作愿景，还推动共建国家的经济合作与文化交流。这些新概念不仅具有鲜明的中国特色和时代特征，还易于被国际社会理解和接受，为中国话语和中国叙事体系注入新的活力和内涵，增强其国际辨识度和影响力。

创新讲述方式，应当以故事化叙事顺应传播规律。当今传播环境因新媒介的崛起而发生改变，信息传播的路径越发复杂且难以预测。社交网络的互动与结构特征日益成为传播效果的关键变量。在这种背景下，必须深刻把握当代传播的内在逻辑，使中国话语和中国叙事体系的内容能够融入特定的意义结构，同时对受众理解核心概念加以引导。故事化叙事是顺应当代传播规律的有效方式。通过鲜活的故事，将抽象的理念、政策和实践具体化、形象化，使其更易于被受众理解和接受。同时，故事化叙事还富有共鸣的情感内核，能够激发受众的情感共鸣和认同感。因此，故事化叙事成为中国话语和中国叙事体系国际化表达的理想途径。例如，通过讲述中国普通人的奋斗故事展示中国的社会进步和人民幸福；通过讲述中国的科技创新故事展示中国的科技实力和创新精神；通过讲述中国的国际合作故事展示中国的开放姿态和合作愿景。这些故事不仅能够传递中国的话语和叙事体系，还能够架设起文化交流的桥梁，深化全球对中国及其文化的理解、记忆与分享。

创新讲述方式，应当以全媒体健全传播方式。全媒体是指整合文字、视频、社交媒体等多元传播形式，并借助互联网与移动通信技术进行信息传播的新型媒体形态。全媒体具有信息传播速度快、覆盖范围广、互动性强等综合优势，为构建和传播中国话语和中国叙事体系提供有力的技术支持和平台支撑。全媒体不仅是一种技术手段，更是话语引导与舆论治理的战略工具。从技术方面看，全媒体通过整合多元传播形式来立体化地呈现中国话语和中国叙事体系，使其更具感染力和说服力。从治理方面看，全媒体可以作为话语引导的核心机制来有效引导国际舆论、及时回应全球关切、消除误解与偏见。在文化传播中，利用全媒体的多元传播形式来制作和发布具有中国特色的文化内容；利用全媒体互动性强的特点来加强与受众的互动和交流；利用全媒体覆盖范围广的特点来扩大中国话语和中国叙事体系的传播范围和影响力。深度整合与运用全媒体，使中国话语和中国叙事体系更加贴近受众、更加深入人心、更加具有国际影响力。

近年来，基于互联网的、基于数字化的、基于社交媒体的、基于移动传播的媒体新技术革命的发展，正在越来越多地改变着人们的思维方式、学习方式和生活方式。处在这样一个快速发展的媒介化社会，数字技术加持下的新传播形态，传播速度和传播范围呈现出数量级优势。移动互联网的发展，使得"所有人对所有人的传播"

成为可能。在传播平台上，特别是在海外传播平台上，"讲好中国故事"必须与媒介技术革命紧密结合。例如在国家间形成重大传播影响的李子柒、阿木爷爷、弹吉他的 Miumiu 等，就是以短视频这种形式来"破圈"的。现在更有了中国国际传播"生力军"的出现，除 TikTok（抖音海外版）外，以起点国际、米哈游、SHEIN 等为代表的中国数字媒体平台出海，已引发国际传播界的新关注。[①]同时，中国通过制作和发布一系列具有中国特色的文化产品，如电影、电视剧、纪录片等，向世界传播中国的文化和价值观。这些实践案例的成功之处在于它们都运用了创新讲述方式来提高中国话语和中国叙事体系的传播效果。

中国话语和中国叙事体系是讲好中国故事的理论依据和话语框架，也是提升国家软实力、争取与国际地位相匹配的话语权时必须倚重的理论资源。创新讲述方式是提升文化传播效果的关键。通过以新概念彰显传播意识、以故事化叙事顺应传播规律、以全媒体健全传播方式等创新手法，使中国的话语和叙事体系更加贴近受众、更加深入人心、更加具有国际影响力。随着全球化的深入发展和信息技术的不断进步，创新讲述方式在提高中国话语和中国叙事体系传播效果中的作用将更加凸显。应当继续探索和实践更多创新讲述方式，如运用人工智能、大数据等新技术来优化传播策略和提高传

---

① 孟建、卢秋竹：《试论人类文明新形态理念的传播价值与传播策略》，《视听理论与实践》2023 年第 4 期。

播效率，加强与国际社会的互动和交流来增进相互理解和信任，推动中国话语和中国叙事体系在国际舞台上的广泛传播和深入影响。相信不久，中国的话语和叙事体系将在全球话语体系中具有更加重要的地位和更大的影响。

第四章　文化强国的科技赋能

当今，科技的力量以前所未有的速度推动着人类社会的发展。新一轮科技革命与产业革命的浪潮汹涌澎湃，数字化、网络化、智能化（以下简称"三化"）作为新时代新质生产力的重要特征，正以前所未有的深度和广度渗透社会生活的各个领域，为文化强国的建设提供了强大的动力和支持。

"三化"作为这场革命的核心驱动力，对于文化强国建设具有不可估量的重要价值。它们不仅为文化的传播提供了更加便捷、高效的渠道，更为文化的创新提供了无限可能。在"三化"的推动下，社会文化变迁的速度加快，视频化社会的形成就是一个典型的例子。人们获取信息、娱乐和消费文化产品的方式越来越依赖于数字化、网络化的平台，视频成为文化传播的主要载体，不仅改变人们的文化消费习惯，也催生新的文化业态和产业模式。

在文艺创作领域，"三化"的应用更是为文化的创新和发展开辟了新的天地。推动文化资源的数字化转换，将传统文化资源转化为数字化资源，便于存储、检索和再利用，为文艺创作提供了丰富的素材和灵感来源。基于"三化"的文艺创作实践，利用虚拟现实（VR）、增强现实（AR）、人工智能（AI）等先进技术，创新文艺作品的表现形式和呈现方式，使观众能够身临其境地感受作品的魅力。同时，基于"三化"的传播平台构建，鼓励文艺工作者利用网络平台进行创作，形成线上线下相结合的创作模式，促进文艺作品的网络传播与分享，利用社交媒体、视频网站等新媒体平台，拓宽文艺作品的传播渠道，增强作品的传播力和影响力。

"三化"对文化消费也有深远的影响。它改变了消费者的文化消费习惯，使人们更加倾向于在线消费文化产品，享受数字化、网络化带来的便捷和乐趣。同时，"三化"也改变了文化产品的生产流程，使得文化产品的创作、生产、传播和消费更加紧密地连接在一起，形成更加高效、灵活的产业链。此外，"三化"还对文化市场产生深刻的影响和重构，网络平台、在线支付等技术的发展，使得文化市场的竞争更加激烈，也为文化产业的创新发展提供更多的机遇和挑战。

在文化遗产保护与传承方面，"三化"也发挥着重要的作用。数字化技术可以对文化遗产进行高精度的记录和保存，防止文化遗产的流失和破坏。网络技术可以将文化遗产的信息和传播范围扩大到全球，让更多的人了解和欣赏文化遗产的魅力。智能化技术可以为文化遗产的保护和传承提供更加科学、精准的管理和服务。在"三化"助力下，文化遗产的保护和传承工作更加有效、高效。

在中华文化国际传播方面，"三化"提供强大的支持和保障。可以运用"三化"技术创建国际化的文化数据共享平台，将中华文化的精华和特色展示给全世界。同时，可以创建国际化的文化交流大模型平台，促进不同文化之间的交流和互鉴，增进各国人民之间的友谊和理解。还可以运用"三化"技术推动中华文化全球战略传播的提级增效，让中华文化在国际舞台上绽放更加绚丽的光彩。

"三化"作为新时代新质生产力重要特征，为文化强国的建设提供强大的动力和支持。要充分利用"三化"的优势和潜力，推动文化的创新和发展，让中华文化在世界文化的百花园中绽放。

第一节　将数字化、网络化、智能化作为赋能文化强国的新质生产力

今天，新一轮科技革命与产业革命如潮水般涌来，以前所未有的速度和力量推动着人类社会的高速发展。在这场变革中，"三化"作为新时代的标志性技术特征，不仅为文化的传承、创新和发展提供了全新的手段和平台，更深刻地改变着文化的生产、传播和消费方式。它们为文化强国建设注入强大的动力，使得文化的传播更加广泛、深入，文化的创新更加多元、活跃，文化的影响力更加深远、持久。

一、新一轮科技革命与产业革命推动人类社会高速发展

进入 21 世纪，面对能源和资源危机、全球生态和环境恶化、气候变暖，以及各种高新技术的广泛交叉应用，一场新的产业技术革命悄无声息地形成。本次产业技术革命以信息、生物、新材料、新能源技术为代表，带来的是智能化与信息化，引发人类生产和生活模式的巨大变革。《工业 4.0：即将来袭的第四次工业革命》一书将这次产业技术革命称为"第四次工业革命"。书中指出，世界发生或正在发生的工业革命，用产业技术革命称谓或更为合适，因为每次工业革命的核心是技术创新，而技术创新带来的革命性变化不仅仅发生在工业领域，农业、服务业也都发生了革命性变革。①

从生产力发展对经济社会发展全局的影响来看，人类已经历三次产业革命。第一次产业革命开始于 18 世纪 70 年代，以蒸汽机为标志，机械化大生产代替了手工作坊；第二次产业革命开始于 19 世纪 70 年代，以电力和内燃机为标志，企业规模迅速扩大；第三次产业革命开始于 20 世纪 70 年代，以计算机和通信技术为标志，机器可以从事"常规性脑力劳动"。

当前，人类正在迎来第四次产业革命。2011 年 4 月，在德国汉诺威工业博览会上，德国政府提出"工业 4.0"。随后美国、日本、

① 参见［德］乌尔里希·森德勒主编：《工业 4.0：即将来袭的第四次工业革命》，邓敏、李现民译，机械工业出版社 2014 年版。

中国也相继推出了智能制造计划。2017年1月，在达沃斯世界经济论坛上，习近平主席指出："我们要顺应第四次工业革命发展趋势，共同把握数字化、网络化、智能化发展机遇。"[①]

第四次产业革命不同于以往历次产业革命。以往的产业革命都以具体生产工具为标志，而第四次产业革命不以具体生产工具为标志，而是系统性突破。习近平总书记指出了第四次产业革命的特点："关键技术交叉融合、群体跃进。"[②] 如果为第四次产业革命寻找一个标志，那就是"知识经济"，即知识创新成为经济发展的第一驱动力，机器可以从事"非常规性脑力劳动"。当今时代，数字技术、数字经济已成为重组全球要素资源、重塑全球经济结构、改变全球竞争格局的关键力量。随着人工智能、大数据、量子信息、移动通信、物联网、云计算、区块链为代表的新一代信息技术加速突破应用，数字经济日益融入经济社会发展各领域全过程，发展速度之快、辐射范围之广、影响程度之深前所未有。

与前三次产业革命相比，第四次产业革命展现出以下特征：

第四次产业革命实现全方位的创新突破。相较于前三次革命中相对单一的科技创新内容，第四次产业革命以基因技术、量子信息技术、新材料技术、新能源技术、虚拟现实等为代表，推动生产生

---

① 习近平：《齐心开创共建"一带一路"美好未来——在第二届"一带一路"国际合作高峰论坛开幕式上的主旨演讲》，《人民日报》2019年4月27日。

② 《习近平在中共中央政治局第九次集体学习时强调　敏锐把握世界科技创新发展趋势　切实把创新驱动发展战略实施好》，《人民日报》2013年10月2日。

活系统全面智能化，带来经济社会发展方式的重大变革。例如，智能机器人正逐渐渗透人类生产生活的各个领域。

第四次产业革命对人类社会带来系统性、整体性的影响。信息技术、生物技术、新材料技术、新能源技术等在新兴产业革命中广泛应用，且各技术间高度融合、相互渗透，形成一个完整的技术体系。这种同步性、系统性和整体性的特点，使得人类社会在诸多方面都受到深刻的影响。例如，信息技术的普及推动数字货币的广泛应用，彻底改变日常支付行为；同时，信息化和互联网的普及极大提升了人们工作生活的便利化程度。

第四次产业革命对人类生产生活方式实现全面渗透与跨界应用。新兴技术间的高度融合和不断渗透，催生出跨越传统产业边界的新产品、新业态、新模式，给人们的生产生活带来颠覆性的变化。无人飞行器、智能机器人、无人驾驶汽车、可穿戴设备、智能手机、智能家居等产品正陆续进入人们的生活；制造业也在经历着根本性的变革，向"智造业"迈进；互联网正在向物联网演变，企业纷纷转型为数字企业。

第四次产业革命在世界大国之间具有同步性。这次革命不再是从单一领域或由某一国家率先发起，而是在不同领域或不同国家和地区之间同步展开。尽管各大国的技术创新能力仍存在差异，但对新技术的敏感度和对创新机遇的关注度都达到了前所未有的高度。一方面，一些技术创新有可能在各大国之间同时发生；另一方面，当某一颠覆性技术革命在一国出现时，其他国家会迅速跟进，引领者与追随者之间的时间差大大缩短。本次产业革命的源头多元、创新去中心化，使得技术创新的外溢效应比以往任何时候都要强。例如，经济发展相对落后的国家和地区也能分享到长寿技术突破带来的福祉，公共教育资源也能通过互联网向落后地区传播。人类历史上，科技和人才总是向着创新最活跃的地方集聚。每一次科技革命和产业变革，都会深刻改变世界发展面貌和格局。

"三化"利于推动建设现代化产业体系。从国家经济竞争力视角来看，科技革命和产业变革的根本动力是提高产业创新与升级的能力。建设现代化产业体系是推动高质量发展的必然要求，也是赢得大国竞争主动的迫切需要。人工智能、大数据、区块链、云计算等作为传统产业转型升级的重要载体，一方面可以加快推进形成新产品、新服务、新业态，培育专精特新企业和制造业单项冠军企业，另一方面能够立足不同产业特点和差异化需求，推动传统产业全方位、全链条数字化转型，提高全要素生产率。

"三化"对人类社会演进的重大意义也引出"媒介发展与现代文明"这一重大议题。从技术哲学的视角审视，与媒介发展息息相关的技术革命可谓新质生产力的全新建构。这一新质生产力，不仅重塑物质世界的构造与运作逻辑，更深刻地影响人类的认知模式、价值观念与社会结构。重新审视"技术决定论"与"社会建构论"的辩证关系，思考如何在技术快速发展的同时，确保技术伦理的规范、社会正义的维护以及人类精神文化的传承与创新，成为人类自我认知、自我塑造的重要维度，推动着人类文明向更加高层次发展。因此，发生在媒介领域的这场"新牛顿革命"，不仅是一场技术盛宴，更是一次推动文明形态转型的巨大变革。当然，它也呼唤着我们以更加开放的心态、更加深邃的思考，去探索技术与人性的和谐共生，去构建一种既尊重技术潜力又关照人类福祉的新型文明形态。

从哲学角度审视，"媒介发展与现代文明"的议题触及存在论、认识论、价值论以及历史唯物主义等多个维度。存在论维度，媒介不仅是物理世界的延伸，更是人类精神世界的构建，以一种特殊中介的形式，连接着主观与客观、个体与社会、过去与未来，从而再造人类对于"存在"的理解与体验。媒介的发展，实质上是对人类存在方式的不断拓展与深化，影响着我们对现实世界的感知、解释与回应。认识论维度，媒介是知识生产与传播的关键环节。随着媒介技术的革新，信息的获取、处理与传播方式发生了根本性变化，不仅改变了知识的形态与分布，也重塑认知框架与思维方式。价值论维度，媒介发展与现代文明的关系更体现为一种价值的选择与创造。媒介不仅是价值观的传播者，也是价值观的塑造者。在媒介的推动下，不同的文化、观念、价值得以交流、碰撞与融合，从而促进人类文明的多样性与包容性。

媒介的发展深刻影响着生产关系与社会结构的变革。它打破了地域、时间、文化的界限，促进全球化进程，使得资源配置更加系统高效，社会关系更加复杂多元。在这一过程中，媒介不仅成为连接个体与社会的桥梁，也成为塑造社会认同、推动社会变革的重要力量。例如，社交媒体的兴起，就极大地改变人们的社交方式、信息获取渠道和公共参与模式，对政治、经济、文化等领域产生深远影响。在此基础上，应当进一步拓展理论视野，将媒介发展与现代文明的关系置于更广阔的全球历史与社会变迁的背景中进行考察，探讨媒介技术如何与宏观社会进程的相互作用，以及如何在人类文明进程中发挥重要作用。

从历史唯物主义的维度出发，媒介发展与现代文明的关系是历史进程中的必然产物，是生产力与生产关系、经济基础与上层建筑矛盾运动的体现。媒介技术的每一次飞跃，都伴随着社会生产力的提升与社会结构的变革，既是文明发展的结果，也是文明进步的动力。深入研究媒介发展与现代文明的逻辑关系，也是研究人类社会生产力与生产关系、经济基础与上层建筑矛盾运动规律的一种体现。媒介，作为信息传播与交流的工具，每一次技术的飞跃，都是技术层面的革新，更是社会生产力跃升与社会结构深刻变革的催化剂和晴雨表，如同一面镜子，映照出人类文明演进的轨迹，预示着文明社会发展的方向。[①]

习近平总书记指出，进入 21 世纪以来，全球科技创新进入空前密集活跃的时期，新一轮科技革命和产业变革正在重构全球创新版图、重塑全球经济结构。当今世界百年未有之大变局进入加速演变

----

① 孟建：《媒介发展与现代文明：传播学研究的重要领域》，《视听理论与实践》2025 年第 1 期。

期，新技术、新产品、新业态不断涌现，新的创新组织模式和科技创新范式加速变革。从这个意义上来说，面对国际政治经济格局深刻变革，我国要大力发展"三化"，构筑国家竞争新优势，为实现第二个百年奋斗目标提供坚强物质支撑。

二、数字化、网络化、智能化对于文化强国建设的重要价值

在全球化和信息化的大背景下，"三化"作为信息化时代的重要特征和发展趋势，对文化强国建设具有深远影响。"新科技革命的核心是数字化、网络化和智能化"[①]，网络互联的移动化、泛在化，信息处理的高速化、智能化，促进创新链、产业链的代际跃升。数字化使得文化资源的存储更加高效、安全。我国是名副其实的文化资源大国。数字化技术可以将这些珍贵的文化资源转化为数字形式，实现可溯源、可量化、可存储的数字文化资源，有效解决传统存储方式易损、易失的问题。例如，通过 3D 扫描技术，可以高精度地复制文物，为文物的保护和研究提供了重要支持。数字信号与传统的模拟信号相比，具有更好的加工能力。数字化的文化资源可以通过互联网等网络渠道进行快速传播和共享，不仅打破了地域限制，使得文化资源得以在全球传播，还促进文化的交流与互鉴。例如，数字博物馆、数字图书馆等平台的出现，让人们足不出户就能欣赏

---

① 张福军：《新发展格局》，人民日报出版社 2022 年版，第 21 页。

到世界各地的珍贵文物和文献，极大地丰富人们的文化生活。数字化为文化产业的创新与发展提供新的动力。通过数字化技术，可以创造出更多元化、个性化的文化产品。例如，在影视行业，数字特效技术为电影的制作带来前所未有的视觉效果；在出版行业，电子书、有声书等数字出版物的出现，满足了人们多样化的阅读需求。此外，数字化还促进了文化产业与其他产业的融合发展，如文化旅游、文化创意等，为文化产业的发展注入新的活力。

网络化是指利用通信技术和计算机技术，把各个地点的计算机及各类电子设备相互连接，实现信息资源的共享。在文化领域，网络化使得各地的文化资源得以互联互通，促进文化资源的共享与文化产业的协同发展。例如，通过构建全国性的文化资源共享平台，各地的图书馆、博物馆等文化机构可以共享文化资源，提高资源利用效率；文化产业企业也可以通过网络平台实现跨区域合作，共同推动文化产业的发展。网络化的发展拓宽文化传播的渠道与范围。互联网、新媒体等网络渠道已成为文化传播的重要平台。通过微博、微信、抖音等社交媒体平台，人们可以随时随地获取文化信息、分享文化体验。这种即时性、互动性的传播方式极大地提高了文化传播的效率与影响力。网络化还使文化传播更加精准化、个性化，可以根据不同受众的需求进行定制化的文化传播。网络化的发展促进文化市场的繁荣与文化消费的升级。网络化的文化市场打破传统的地域限制，文化产品可以在全国乃至全球销售，使得网络化的文化消费方式也变得更加便捷、高效。例如，通过在线购票、在线支付等方式，人们可以轻松地购买到各种文化产品和服务。同时，网络化的文化消费还促进了文化产品的创新与升级，以满足人们日益多样化的文化需求。

智能化是指事物在计算机网络、大数据、物联网和人工智能等技术的支持下，具有的能满足人的各种需求的属性。在文化领域，智能化技术推动文化产业的升级与创新。例如，人工智能技术可以实现对文化资源的智能分类、智能推荐和智能分析等功能；大数据技术可以挖掘文化消费者的需求与偏好，为文化产品的创新提供数据支持。智能化技术可以提升文化服务的个性化与智能化水平。例如，智能推荐系统可以根据用户的兴趣爱好、历史行为等信息，为用户推荐个性化的文化产品和服务；虚拟现实（VR）、增强现实（AR）等智能技术可以为用户提供沉浸式的文化体验。这种个性化的文化服务满足了用户多样化的文化需求，提高用户的文化消费体验与满意度。智能化技术还可以促进文化遗产的保护与传承。3D扫描、无人机航拍等智能技术可以实现对文化遗产的高精度记录与监测；大数据、人工智能等技术可以对文化遗产进行智能分析与评估，为文化遗产的保护与修复提供科学依据。

"中国式现代化与人类文明新形态"重大命题的提出，意味着我国已经将社会进步与文明形态视为一个不可分割的整体，强调两者间的互动与共生关系。从人类文明演变的历史规律来看，媒介技术与文明之间有着紧密而复杂的内在联系，两者相互影响、共同构建。[1] 通过人类文明新形态的五大文明建设与数字文明进一步融合，进一步转化文化生产力。[2] 由此，"三化"在文化强国建设中发挥着重要作用。

"三化"在文化强国建设中还共同促进了文化的传承与弘扬。数字化技术为文化遗产的保护与传承提供了新途径；网络化技术拓宽了文化传播的范围与渠道；智能化技术提升了文化传播的效果与影响力。

"三化"在文化强国建设中还共同提升了国家文化软实力与国际影响力。数字化、网络化、智能化技术的应用，可以推动中华优秀传统文化的创造性转化和创新性发展，打造具有影响力的数字文化品牌；同时，还可以加强国际文化交流与合作，推动中华文化走向世界。例如，通过构建全球性的文化资源共享平台，推动中华文化与其他文化交流与互鉴；通过利用智能化技术为国际用户提供个性化的文化体验和服务，从而提升中华文化的国际影响力和吸引力。

"三化"作为信息化时代的重要特征和发展趋势，对文化强国建设至关重要。数字化为文化资源的存储、处理和传播提供了高效手段；网络化促进了文化资源的共享与文化产业的协同发展；智能化通过技术创新推动了文化产业的升级和文化服务的个性化。三者相辅相成，共同推动文化强国建设在文化传承、文化创新、文化产业

① 孟建：《媒介发展与现代文明：传播学研究的重要领域》，《视听理论与实践》2025 年第 1 期。
② 孟建、卢秋竹：《试论人类文明新形态理念的传播价值与传播策略》，《视听理论与实践》2023 年第 4 期。

升级等方面取得显著成效。在未来的发展中，应继续加强"三化"技术在文化强国建设中的应用与推广。

"三化"在文化强国建设中发挥着协同作用。数字化为文化资源的存储、处理和传播提供了高效手段；网络化促进了文化资源的共享与文化产业的协同发展；智能化推动了文化产业的升级和文化服务的个性化。三者相辅相成，共同推动文化产业的创新与发展。

三、数字化、网络化、智能化对于社会文化变迁的强力推动

从文化传承、文化传播到文化创新，从社会生活方式到价值观念，无一不受到"三化"的深远影响。这些技术不仅深刻改变人们的生产生活方式，更对社会文化变迁产生强力的推动作用。

如上文所述，"媒介发展与现代文明"的关系仍是一个重大问题，不仅是构建中国式现代化理论体系不可或缺的一环，更是推动社会文明进步、实现全面现代化的关键要素。进而言之，"媒介发展与现代文明"的探讨，在全球化背景下，如何立足本土实际、融合国际视野、探索媒介发展与现代文明相互作用的内在机理，是提升我国文化软实力、增强国际传播能力的关键所在。媒介作为人类认知世界、沟通世界、黏聚社会的构成要素在推进中国式现代化，特别是在构建现代文明中具有特殊地位和作用。"媒介发展与现代文明"这一重大问题包含六大学术问题："媒介作为文明演进的驱动力""媒介与文明的哲学思考""媒介发展与自我认知""媒介作为文化权力与

意识形态的载体""媒介技术与文明形态""媒介发展与文明断裂"。[①]

在媒介技术引起的社会文化变迁中，影响技术的力量不容忽视。从以短视频和直播为代表的视频语言的兴盛，再到未来基于智能 VR 的独立性、立体化视频语言的普及，每一次语言革命的发生、每一种语言体系的独立，都推动着基于这种语言形态的信息传播新秩序的形成。技术文化带来的影响在深度和广度上都是前所未有的，在媒介技术飞速的演进和作用下，媒介与社会的互动关系正在经历前所未有的重组。[②]

进入移动互联网时代，短视频与图文成为文化传播的主要方式。中国互联网络信息中心（CNNIC）发布的第 50 次《中国互联网络发展状况统计报告》显示，至 2022 年 6 月，我国短视频用户规模达 9.62 亿，占网民的 91.5%，并呈持续增长趋势。面对如此庞大的用户群体，各短视频平台纷纷深耕内容资源，文化遗产作为中华优秀传统文化的重要组成部分，成为平台青睐的优质内容。微纪录片、视频博客等内容的加入，进一步丰富了文化遗产的传播形态，传统手作、国风华服等文化遗产细分领域的内容生态逐渐形成。

数字化是基础，为网络化和智能化提供数据支持；网络化是桥梁，实现数据的互联互通；智能化则是目标，视频化社会也应运而

---

① 孟建：《媒介发展与现代文明：传播学研究的重要领域》，《视听理论与实践》2025 年第 1 期。

② 孟建、符艺娜：《视频化社会：对一种社会文化形态的阐释》，《新闻爱好者》2024 年第 3 期。

生。视频化社会是指视频内容在社会生活中的广泛传播和普及，视频成为人们日常生活的重要组成部分。随着"三化"的发展，视频作为一种直观、生动的媒介形式，逐渐成为人们获取信息、娱乐和交流的主要方式。数字化技术使得视频内容的制作、编辑、存储和传输变得更加高效和便捷。通过数字化处理，视频内容可以被压缩、编码和存储，便于在网络上进行传输和共享。网络化平台为视频内容的传播提供广阔空间。通过社交媒体、视频网站等网络平台，视频内容在全球实时传播和共享。网络化还促进视频内容的互动性和参与性。观众通过评论、点赞、分享等方式与视频内容进行互动，形成庞大的视频用户群体和视频内容生态。智能化技术为视频内容的创作、分发和推荐提供更加精准和个性化的解决方案。通过人工智能技术，视频平台可以根据用户的兴趣和需求，为用户推荐更加符合其口味的视频内容。智能化还提高了视频内容的制作效率和质量。例如，自动化剪辑、特效制作等技术手段大大缩短了视频内容的制作周期，提高了视频内容的质量和观赏性。

人类从未像今天一样，被无穷无尽的视频所包裹。处在这样一个可以被称为视频化的社会，一种新的社会文化形态正在形塑。其表现为：社会空间的景观化、零碎化、滤镜化；社会交往边界的消弭与媒介交往关系的变更；社会系统的开放性、流动性以及互动性。作为一种新的文化形态，视频化社会不仅塑造了新的生活方式甚至建构了新的社会秩序，而且还塑造了现代社会的认知观念和心理结构。有学者认为，在数字革命的推动下，媒介已经遍在自然环境。

作为一种新的数字文明形态，视频化社会通过重新塑造人的感言体验，再造了视觉媒介的虚拟属性，为个体与外部世界建立联系提供了一种创新的方式，将视频从一种特定的媒介形态转变为人类生活的核心方式。人与人之间的联系方式和聚集模式都是对上一个时代的升华变革。因此，社会的文化构成也发生了变化，视频化逐渐成为社会活动的中心环节。伴随着大数据、5G、区块链、人工智能、ChatGPT、Sora，尤其中国震惊世界的 DeepSeek（深度求索）大模型等数字技术展示出的发展态势，社会制度、经济模式、生活节奏和人际关系等多个方面受到影响。视频化社会，作为一种新的文化形态，不仅塑造了新的生活方式，甚至建构了新的社会秩序，而且还塑造了现代社会的认知观念和心理结构。这既标志着一个全新时代的社会文化急遽变迁，也带来了全新时代的社会文化思考。[1]

视频化社会改变了人们的生活方式，也对社会秩序产生了深远影响。《视频化社会》一书指出："人类从未像今天一样，被无穷无尽的视频包裹。视频渗透在社会领域的各个方面，逐渐成为社会主导性媒介，塑造新的生产、生活、交往方式，重构现代社会的认知观念、心理结构和知识体系，甚至建构新的文明形态。"[2]媒介技术的变革往往伴随着社会秩序的重构。视频作为一种高维媒介，具有强大的信息承载和传播能力，可以直观地呈现社会现象和问题。通

---

[1] 孟建、符艺娜：《视频化社会：对一种社会文化形态的阐释》，《新闻爱好者》2024 年第 3 期。

[2] 孟建：《视频化社会》，复旦大学出版社 2024 年版，第 2 页。

过视频内容的传播和分享，人们可以更加深入地了解社会现实和热点问题，形成更加广泛的社会共识和舆论压力。这种舆论压力可以促使政府和社会各界关注并解决相关问题，推动社会秩序的完善和发展。

概而论之，"三化"技术对社会文化变迁产生强力推动作用。这些技术改变文化资源的存储与获取方式，加速文化的全球传播，促进文化的融合与创新。同时，"三化"技术对社会结构、人际关系、教育模式和艺术娱乐形式产生深远影响。

第二节　文艺创作的数字化、网络化、智能化

在科技日新月异的今天，"三化"正深刻改变文艺创作的面貌。传统文化资源，作为民族文化的瑰宝，其数字化转换已成为时代之需。将传统文化资源转化为数字化资源，不仅便于存储、检索，更能实现资源的再利用与创新，让古老的文化在现代技术的赋能下焕发新生。

基于"三化"的文艺创作实践，正引领着文艺作品表现形式的革新。虚拟现实（VR）、增强现实（AR）、人工智能（AI）等先进技术的融入，为文艺创作提供了无限可能。创作者可以借此打破传统界限，创新作品呈现方式，为观众带来前所未有的沉浸式艺术体验。同时，"三化"也催生文艺作品传播平台的新构建。要鼓励文艺

工作者利用网络平台进行创作，形成线上线下相结合的创作模式。通过社交媒体、视频网站等新媒体平台，文艺作品得以更广泛地传播与分享，传播渠道得以拓宽，作品的传播力和影响力也随之增强。文艺创作的"三化"正为文化强国的建设注入新的活力与动力。

一、推动文化资源的数字化转换

随着信息化、网络化、智能化浪潮的加速到来，传统文化的存在形态正在发生前所未有的巨变。习近平总书记在主持中共中央政治局第十七次集体学习时强调，"探索文化和科技融合的有效机制，实现文化建设数字化赋能、信息化转型，把文化资源优势转化为文化发展优势"。在推动中华优秀传统文化创造性转化、创新性发展，推进中国特色社会主义文化建设背景下，推动文化资源的数字化转换，构建数字文化中国，成为新时代文化建设的重要方向。

中国素有"文明型国家"之称，拥有丰厚的文化遗产。美国计算机科学家尼葛洛庞帝（Nicholas Negroponte）提出：比特（bit）作为信息的 DNA，正迅速取代原子而成为人类社会的基本要素。[①] 这一观点揭示了数字技术对人类社会的深远影响。从原子到比特，不仅改变信息的存在方式，更推动文化的"文本脱物化"进程。数字文化作为一种新兴的文化形态，具有交互性、可溯源性、可量化性

---

① 参见［美］尼葛洛庞帝：《数字化生存》，胡泳、范海燕译，海南出版社 1996 年版。

等特点，为文化的传承、创新和发展提供新的可能。

运用数字技术将在地文化资源进行数据归集、重构，转化为可溯源、可量化、可存储的数字文化资源，是数字文化中国基础建设的主要任务。这项工作既要依托虚拟现实、数字孪生等支撑性的应用科学，也需要在体制机制上突破传统文化资源的分类管理办法，推动文化数据供给侧和需求侧的有效匹配。数字技术与文化的深度融合催生众多文化新业态。大型互联网平台、线上政务服务系统、移动 App 等成为文化活动平台的核心。数字化的文化资源在信息化应用框架体系中实现沉淀、治理、分析和应用，共同构成数字文化中国的平台系统。

得益于数字化平台的统筹与整合，数字文化中国的界域不仅限于文化产业和公共文化服务，还拓展到教育、科研等更广阔的泛文化领域。数字化、智能化、自动化工具被广泛应用于文化创意生产与基础研究工作，传统文化消费场景在新兴技术赋能下不断向沉浸式、体验式方向转变。数字文化中国建设将全面提升文化中国的全球影响力。数字媒体、视觉传媒作品等国家文化数字化形象更易于突破物理界限与意识形态的隔阂，实现高效的文化传播。据测算，2035 年我国数字文化产业营收将达到 27 万亿元，占文化产业总营收的近八成，国家文化大数据体系将基本建成。

数字化叙事是利用数字化信息技术，在传统的讲故事中融入声音、图片、文字、动画、影视等多种现代媒体元素，使讲述内容可视化、形象化的一种叙事方式，具有直观性、互动性、沉浸性等特点，能够更好地传递优秀传统文化的价值观念和人文精神。VR虚拟现实等数字技术可以再现优秀传统文化的历史场景，使人们穿越感知优秀传统文化的时代背景与社会图景。例如，《国家宝藏》节目采用全息影像技术等多种数字科技，对国宝进行全方位多角度的展示，并打造出沉浸式的情景舞台，形象讲述国宝背后的历史文化故事。数字化叙事不仅是一种叙事方式，也是一种文化创新。它往往是对中华优秀传统文化进行内容再创造再阐释的过程，能够创作出全新的、更具感染力的文艺作品。

数字信息技术的发展促使各种新媒体应运而生，改变信息的呈现、传达和展示方式，为中华优秀传统文化的传播提供多元化的平台和渠道。视频平台、公众号等的出现，突破传统媒介下优秀传统文化传播效率低、范围小、形式较为单一等局限。新媒体将互联网与各种电子产品的移动终端相链接，能将储存在互联网云端的数字化信息直接传递给受众，打破时空局限，实现优秀传统文化数字信息共享。例如，通过短视频、网络直播等形式，民众可以随时随地了解中华优秀传统文化，并参与文化传播的过程。传统媒体与新媒体在优秀传统文化传播方面各有优势。两者应相互结合、优势互补、融合传播，产生"1+1>2"的传播效果。通过整合不同媒体资源，满足人们对优秀传统文化的多样化需求，使我国优秀的传统文化源远流传、繁荣兴盛。

大量的、高质量的数据是训练人工智能的基础。人工智能在特征识别、高精度扫描、3D建模等多种具体过程中，为传统文化资源转换为数字形态提供"辅佐"。这种"辅佐"将极大程度地提高转换效率和准确性，有助于构建全面且高效的优秀传统文化数据库。人工智能的算法优势在优秀传统文化数字化过程中发挥着重要作用。例如，通过深度学习模型实现自然语言处理和图像识别能力，对古文献进行语义分析、揭示隐含信息，对传统艺术作品进行风格演变分析。生成式模型算法则能够基于以上学习成果，创造新的艺术作品或数字复原受损的文化遗产，极大地丰富优秀传统文化数字化的效果。

在数字化时代，人工智能以其强大的算力基础将为实现全体人民共享优秀传统文化数字化发展成果提供强大的支撑作用。例如，敦煌研究院通过数字化技术，将200多个洞窟的数据进行归集和重构，形成"数字敦煌"中英文数据库，并免费让全球共享。游客在球幕影院中身临其境地感受壁画，在数字"飞天"的陪伴下畅游洞窟。这一实践不仅保护了敦煌文化的原始形态，还极大地拓展了其传播范围和影响力。山东博物馆和重庆红岩革命历史博物馆等机构，结合VR、AR、MR以及互动魔墙等技术手段，推出多项数字化展陈设计。还有中国首辆重型卡车黄河系列JN150下线3D展示、《红色迹·忆》巨幅长卷等，使红色革命文化以更加生动、直观的形式呈现在观众面前。泰山景区管委会发行泰山数字藏品、敦煌文旅集团启动敦煌文创IP授权业务等创新实践，解锁了文化消费新场景。数字藏品作为不可复制、永久保存、随时鉴赏的文化产品，成为文化消费场景创新的"排头兵"。同时，通过联名、跨界等创新模式，敦煌文化以更加年轻的面貌进入大众生活。

推动文化资源的数字化转换是构建数字文化中国的重要途径。通过全面数字化在地文化资源、推动文化企业和公共文化服务机构的数字化转型、实现数字文化场景的全域串联等措施，构建起具有中国特色的数字文化生态。利用数字化叙事和数字媒体技术丰富优秀传统文化的演绎呈现和传播互动方式，借助人工智能等先进技术提升数字化效率和效果，进一步推动数字文化中国的建设进程。

二、基于数字化、网络化、智能化的文艺创作实践

文艺创作是人类精神活动的重要组成部分，不仅反映着社会现实，也塑造着人们的价值观念和文化认同。在新时代，文艺创作的形态、传播方式、受众互动等方面都发生了深刻变化。数字化为文艺创作提供丰富的素材和工具，网络化使得文艺作品能够跨越时空限制迅速传播，智能化则让文艺创作更加个性化、互动化。这些变化不仅拓宽了文艺创作的边界，也对文艺理论、批评及教育提出了新的要求。

数字艺术，如数字绘画、三维雕塑、虚拟现实艺术等，利用计算机软件和硬件设备进行创作，打破了传统艺术形式的物理限制。艺术家通过算法生成图像、声音，甚至创造全新的感官体验，如数字艺术展览中的沉浸式空间，让观众置身虚拟与现实交织的艺术世界中。数字化技术为文化遗产的记录、保存与传播提供了新途径。通过高精度扫描、3D 建模等技术，古老的艺术品、建筑、文献等得

以数字化复原,不仅保护了原物,还为文艺创作提供了丰富的灵感来源。例如,利用数字技术重现的古代壁画,在保留原貌的同时,也为现代艺术家提供了跨界创作的素材。

互联网为文学爱好者提供广阔的发表平台,网络文学以其门槛低、互动性强、题材多样等特点迅速崛起。网络小说的连载模式、读者评论区的即时反馈机制,促进作者与读者之间的紧密互动,加速文学作品的迭代与创新。网络化使得不同媒体形式之间的融合成为可能,跨媒体叙事成为文艺创作的新趋势。电影、电视剧、游戏、漫画等多种媒介围绕同一主题或故事世界展开,形成多元化的内容生态,增强了故事的沉浸感和传播力,满足消费者个性化的文化需求。这种个性化消费趋势,促进文艺市场的细分和长尾市场的开发,为小众文化和独立艺术家提供更多生存空间。

人工智能技术在文艺创作中的应用日益广泛,从自动作诗、写小说到音乐创作,AI 展现出一定的创造力。AI 作为创意激发工具,为艺术家提供了新颖的角度和组合方式。基于大数据和机器学习算法的内容推荐系统,能够根据用户的偏好和行为数据,精准推送个性化的文艺作品,提高内容的可达性和用户满意度。这种智能化分发机制,也促进了小众文化的繁荣和多样性表达。

"三化"实现了创作主体的多元化、创作过程的交互性、作品形态的跨界融合。"三化"技术降低了文艺创作的门槛,使得更多人能够参与到文艺创作中来。不仅专业艺术家,普通网民、业余爱好者也能通过网络平台发表作品,形成"全民创作"的局面。这种创作主体的多元化，丰富文艺作品的类型和风格，促进文化的全民化和多样化。网络化环境下的文艺创作，强调作者与读者、观众之间的即时互动。社交媒体、在线论坛、弹幕评论等，为文艺作品的反馈和讨论提供便捷渠道。这种交互性不仅影响作品的创作方向，也加深受众的参与感和归属感，形成"共创文化"。"三化"技术促进不同艺术形式之间的跨界融合，如数字艺术与实体展览的结合、电影与游戏的 IP 联动等。跨界融合不仅拓宽文艺作品的表现形式，也创造新的商业模式和产业链，推动文化产业的创新发展。

"三化"时代下的文艺创作，既是对传统文化的继承与创新，也是对新兴文化现象的反映与塑造。通过网络平台，可以接触到更多元的文化信息，一定程度上影响个体的文化认同和身份建构，促进文化认同的多元化和流动性。随着技术的不断进步和社会的持续发展，文艺创作将展现出更加丰富多彩的面貌，为人类的精神世界带来无限可能。

三、基于数字化、网络化、智能化的传播平台构建

"三化"传播平台是指利用现代信息技术手段，为文化内容的创作、传播、交流提供支持和服务的综合性平台，涵盖数字图书馆、在线博物馆、网络电视台、社交媒体等多种形式，是文化传播的重要载体和渠道。

"三化"传播平台具有开放性、互动性、个性化、跨时空性的特点。"三化"平台具有高度的开放性，能够容纳来自不同文化背景、

不同地域的创作者和受众。这种开放性不仅促进文化的多样性，还使得文化传播更加广泛和深入。平台提供丰富的互动功能，如评论、点赞、分享等，使得受众能够积极参与文化传播过程，与创作者和其他受众进行交流和互动。这种互动性增强了文化传播的参与感和体验感。平台能够根据受众的喜好和需求，提供个性化的文化内容推荐和服务。这种个性化不仅提高受众的满意度，还使得文化传播更加精准和有效。平台打破时间和空间的限制，使得文化内容能够在全球范围即时传播和共享。这种跨时空性极大地拓展文化传播的范围和影响力。平台为传统文化的传承提供新的途径和方式。通过数字化手段，传统文化资源得以保存和再现，使得更多人能够接触和了解传统文化。同时，平台还能够推动传统文化的创新和发展，使传统文化与现代文化相结合，焕发出新的生命力。平台为文化创新提供广阔的舞台和丰富的资源。创作者利用平台提供的工具和技术手段，进行文化内容的创作和创新。同时，受众的反馈和意见也能够为创作者提供灵感和启示，推动文化内容的不断创新和发展。数字化、网络化、智能化传播平台促进不同文化之间的交流与碰撞。通过平台，可以了解不同文化背景下的思想观念、价值观念和生活方式等，增进对不同文化的理解和尊重。这种文化交流有助于推动文化的多元化发展，促进世界的和平与发展。

为进一步完善"三化"传播平台，需加强基础设施建设。平台需要大量的数据传输和交换，因此需要提升网络带宽和速度，以确保文化内容的流畅传输和即时共享。建设数据中心和云存储。为了存储和管理海量的文化数据资源，需要建设数据中心和云存储系统。这些系统应具备高可用性、高可靠性和高安全性等特点，以确保文化数据资源的完整性和安全性。优化平台功能和服务，提供多样化的文化内容。平台应提供多样化的文化内容，以满足不同受众的需要和喜好。这些内容可以涵盖文学、艺术、历史、科学等多个领域，以吸引更多受众的关注和参与。文化传播平台应完善互动功能，如评论、点赞、分享等，使受众能够积极参与文化传播过程。同时，还可以设置在线问答、社区论坛等功能，为受众提供交流和互动的空间。提供个性化服务。平台应根据受众的喜好和需要，提供个性化的文化内容推荐和服务。这可以通过分析受众的浏览历史、搜索记录等信息来实现，以提高受众的满意度和忠诚度。

除此之外，推动跨界融合与合作。"三化"传播平台可以与图书馆、博物馆、文化机构等合作，共同开展文化资源的数字化和共享工作，不仅可以丰富文化传播平台的内容资源，还可以提高文化资源的利用效率和价值。平台可以与科技企业合作，共同研发新技术、新产品和新服务，不仅可以提升文化传播平台的技术水平和创新能力，还可以推动文化与科技的深度融合和发展。平台与国际组织合作，共同开展国际文化交流与合作项目，不仅可以拓展文化传播平台的国际视野和影响力，还可以促进不同文化之间的交流与碰撞。

同时建立严格的内容审核机制。为了确保"三化"传播平台上的内容健康、合法、有益，需要建立严格的内容审核机制。这可以通过引入人工智能技术、加强人工审核等方式来实现，以确保文化内容的质量和安全性。还需加强版权保护。应加强版权保护力度，打击侵权盗版行为。这可以通过与版权方合作、建立版权保护机制等方式来实现，以维护创作者的合法权益和文化产业的健康发展。

"三化"传播平台在现代社会中扮演着越来越重要的角色，不仅促进文化的传承与创新，还推动文化的国际交流与合作。随着信息技术的不断发展和创新，文化传播平台将呈现更加多元化、个性化、智能化的特点。构建高效文化传播平台，需要加强基础设施建设、优化平台功能和服务、加强内容审核和管理、推动跨界融合与合作等方面的工作。同时，关注受众的需求和反馈意见，不断改进和完善文化传播平台的服务体验和质量水平。

第三节　文化消费的数字化、网络化、智能化

随着科技的飞速发展，"三化"正悄然改变着人们的文化消费习惯，引领着文化消费领域的新变革。在"三化"的推动下，消费者的文化消费方式变得更加便捷、多元。数字化技术让消费者能够随时随地获取海量文化资源，网络化平台让文化消费跨越地域限制，智能化服务则根据消费者喜好提供个性化推荐，极大地丰富消费者的文化生活体验。

"三化"也在深刻影响着文化产品的生产流程。传统文化产品的生产模式在"三化"的赋能下得以优化升级，创作、生产、传播等

各个环节更加紧密高效。数字化技术让文化内容的创作和编辑更加便捷，网络化平台则让文化产品的分发和传播更加广泛迅速，智能化技术则助力文化产品的个性化和定制化生产，满足消费者日益多样化的文化需求。

"三化"还对文化市场产生深远影响，推动文化市场的重构。网络平台、在线支付等技术的普及，让文化市场的交易更加便捷安全，也催生新的文化业态和商业模式。文化市场在"三化"的推动下，正展现出更加蓬勃的发展态势，为文化强国的建设注入新的活力。

一、数字化、网络化、智能化对消费者文化消费习惯的改变

"三化"技术的飞速发展对消费者文化消费习惯产生深刻影响。这些技术不仅改变消费渠道、消费内容和消费模式，还促进文化消费理念的升级和创新。面对这种变革趋势，文化消费领域的企业和机构应该积极应对挑战和机遇，加强技术创新和应用、优化消费渠道和服务、加强文化交流和合作、培养消费者的文化素养等方面的工作，推动文化消费的健康发展。

"三化"技术使文化消费渠道更加多元化。消费者不再局限于传统的实体店铺或单一的线上平台，而是可以通过多种渠道获取文化产品。线上平台如电商平台、在线书店、数字音乐和视频平台等，提供了丰富的文化产品选择，并且支持 24 小时不间断的购物服务，极大提高了消费者的购物效率。移动端应用的兴起，更是让消费者

可以随时随地通过手机浏览、购买和享受文化产品，如移动阅读App、短视频分享平台等，这些应用以其便捷性和即时性，深受消费者喜爱。社交媒体也成为文化产品消费的重要渠道。消费者可以在社交媒体上发现文化产品的新趋势、新热点，通过关注文化名人、艺术家或文化机构的账号，获取最新的文化资讯和产品推荐。同时，社交媒体上的用户评论和分享，也为消费者提供购物参考和决策支持。例如，抖音、快手等短视频平台，不仅为消费者提供大量的娱乐内容，还通过短视频带货、直播带货等方式，将文化产品直接推送给消费者，实现从内容展示到产品销售的无缝衔接。这种多元化的消费渠道，不仅丰富了消费者的购物体验，还激发了文化市场的活力和创新。

"三化"技术使得文化产品的生产和传播更加个性化。大数据分析、人工智能算法等技术的应用，让文化产品更精准地匹配消费者的兴趣和需求。在线音乐平台如网易云音乐、QQ音乐等，根据消费者的听歌偏好和历史记录，智能推荐个性化的歌曲和歌单。网络视频平台如爱奇艺、腾讯视频等，根据消费者的观看历史和喜好，推荐相关的电影、电视剧和综艺节目。这种个性化的消费内容，满足了消费者的个性化需求，提高文化产品的消费黏性和用户满意度。例如，爱奇艺通过强大的推荐系统，为消费者提供高度个性化的观影体验，使得用户能够轻松找到自己喜欢的影视作品，从而提高用户的观看时长和付费意愿。

"三化"技术使得文化消费过程更具互动性。消费者不再只是被动地接受文化产品，而是可以通过社交媒体、在线社区等平台与其他消费者进行交流和互动，分享文化消费体验。这种互动化模式不仅增强了消费者的参与感和归属感，还促进了文化的传播和共享。例如，B 站作为一个以 ACG（动画、漫画、游戏）内容为主的在线视频平台，其独特的弹幕系统让观众在观看视频的同时，能够实时发表评论和看法，与其他观众进行互动。这种互动化的消费模式，不仅提高了观众的观看体验，还促进了 ACG 文化的传播和交流。此外，B 站还通过举办线上线下的活动，如漫展等，进一步增强了消费者之间的互动和交流。

"三化"技术使得消费者的文化消费理念得到升级。消费者更加注重文化产品的品质和体验，追求更加便捷、智能、个性化的文化消费方式。消费者不再满足于传统的文化消费模式，而是希望获得更加独特、有深度的文化体验。文化消费者也更加注重文化消费的社会价值和意义，愿意为那些具有正能量、能够传递文化价值的文化产品买单。例如，近年来兴起的公益电影、文化扶贫项目等，就得到文化消费者的积极支持和参与。文化消费者通过这些文化消费活动，不仅满足了自己的精神需求，还为社会作出了贡献。

二、数字化、网络化、智能化对文化产品生产流程的改变

数字化技术为文化产品创作者提供了更加便捷、高效的创作工具。例如，在音乐创作领域，数字化音频工作站（DAW）如 Ableton Live、FL Studio 等，让创作者可以在电脑上完成从作曲、编

曲到混音的全过程，极大提高创作效率。在影视制作领域，数字化非线性编辑系统（NLE）如 Adobe Premiere Pro、Final Cut Pro 等，使剪辑师可以更加灵活地处理视频素材，实现复杂的剪辑效果。数字化技术使得文化产品的创作资源更加丰富和易于获取。这些资源不仅数量庞大，而且种类繁多，满足不同创作者的需求。

数字化技术使得文化产品的创作过程更加透明和可控，创作者通过在线协作平台与他人共同创作，实现资源共享和优势互补；通过数字化手段记录创作过程，如使用版本控制系统管理文档、使用项目管理软件跟踪项目进度等。这些手段有助于创作者更好地管理创作过程，提高创作效率和质量。数字化技术使得文化产品的生产设备更加智能化和高效化。例如，在印刷领域，数字化印刷设备如喷墨打印机、激光打印机等，实现高精度、高效率的印刷作业。在影视制作领域，数字化拍摄设备如数字摄像机、无人机等，拍摄出更加清晰、细腻的画面效果。数字化技术使得文化产品的生产流程更加优化和高效。引入数字化管理系统，如企业资源计划（ERP）系统、供应链管理（SCM）系统等，可以实现对生产流程的全面监控和管理。这些系统不仅可以实时跟踪生产进度，还可以预测市场需求，优化生产计划，降低生产成本。数字化技术使得文化产品的生产质量更加可控和可追溯。通过引入数字化质量管理系统，如统计过程控制（SPC）系统、六西格玛管理系统等，对生产过程中的质量数据进行实时监控和分析，不仅可以及时发现质量问题，还可以追溯问题源头，提高生产质量。

网络化技术使得文化产品的创作资源可以更加便捷地共享和协作。创作者通过互联网搜索、下载各种创作资源，如音乐样本、视频素材、图片资源等，在线协作平台与他人共同创作，实现资源共享和优势互补。网络化技术使得文化产品的生产过程更加便捷地实现协作和沟通。生产团队通过互联网进行实时沟通和协作，如使用在线会议软件、即时通信工具等。这些手段不仅提高了生产效率，还降低了沟通成本。例如，在影视制作过程中，导演、编剧、摄影师等团队成员通过互联网进行实时沟通和协作，确保制作进度和质量。网络化技术使得文化产品的传播推广更加便捷和高效。通过互联网平台，文化产品可以迅速传播到全球各地，吸引大量潜在消费者。同时，网络平台还提供丰富的营销手段和推广工具，如搜索引擎优化（SEO）、社交媒体营销（SMM）、内容营销（CM）等，帮助文化产品提高曝光度，增强消费者的参与感和体验感。

智能化技术为文化产品创作者提供更加智能的创作辅助工具。2023 年被认为是生成式人工智能的元年，也是人工智能领域的重要拐点。2023 年微软关于 GPT-4 的能力测评论文指出："此类新模型的能力和认知能力已经更接近于评估人类的能力。"[①] 最近，中国 AI 企业 DeepSeek 凭借其技术突破与商业模式创新，已经成为全球人工智能发展中的重要焦点，甚至推动了中美人工智能合作与竞争进

---

① 《通用人工智能的火花：GPT-4 的早期实验》，载中国科学院自动化研究所图书馆网站，2023 年 3 月 31 日。

入新的阶段。2024 年 12 月 26 日，DeepSeek 发布万亿参数轻量化部署开源模型 DeepSeek-V3。2025 年 1 月 20 日，又发布开源模型 DeepSeek-R1，通过动态专家系统架构，千亿参数下推理效率达行业标杆的 3.2 倍。1 月 28 日凌晨，在 Hugging Face 发布开源多模态模型 Janus-Pro，展示多模态能力。技术迭代增强市场穿透力，至 1 月 27 日，DeepSeek 应用在苹果商店美区下载量超 ChatGPT，登顶榜首，实现开源与商业双向突破。DeepSeek 开发出各种实用的应用和工具，涵盖智能客服、智能写作、图像生成、数据分析等多个领域，进一步拓展 DeepSeek 的应用场景，也为全球 AI 技术的发展注入新的活力。这一现象级的下载热潮，不仅体现了用户对其的高度认可，更标志着 DeepSeek 在全球人工智能市场上的迅速崛起。

从 ChatGPT、Sora 到 DeepSeek，人工智能在不同领域得到广泛应用。在音乐创作领域，智能化作曲系统可以根据用户的输入自动生成旋律和和弦进行；在影视制作领域，智能化剪辑系统可以根据用户的指令自动剪辑视频素材。这些智能化工具不仅提高了创作效率，还拓宽了创作思路。智能化技术使得文化产品的生产过程更加自动化和高效。例如，在印刷领域，智能化印刷设备根据用户的指令自动调整印刷参数，实现高精度、高效率的印刷作业；在影视制作领域，智能化拍摄设备根据用户的指令自动调整拍摄参数，拍摄出更加清晰、细腻的画面效果。智能化技术使得文化产品的传播推广更加精准和高效。通过引入智能化推荐系统，如协同过滤推荐系统、基于内容的推荐系统等，根据用户的兴趣和偏好为其推荐个性化的文化产品。这些推荐系统不仅提高了用户的满意度，还促进了文化产品的传播和共享。智能化技术使得文化产品的消费反馈更加及时和有效。通过引入智能化数据分析工具，如大数据分析工具、机器学习算法等，对消费者的反馈数据进行实时分析和处理，不仅帮助文化产品生产者了解消费者的需求和偏好，还为其提供改进产品的建议。

"三化"技术对文化产品生产流程的转变，网易云音乐是一个成功的案例。网易云音乐是一款备受欢迎的音乐播放软件，其智能化推荐系统是其核心竞争力之一。该系统通过引入协同过滤推荐算法和基于内容的推荐算法，根据用户的听歌历史和偏好为其推荐个性化的歌曲和歌单。这些推荐不仅提高了用户的满意度和忠诚度，还促进了音乐的传播和共享。此外还有腾讯视频，它是一款领先的在线视频平台，其智能化剪辑系统是提高生产效率和质量的重要手段之一。该系统通过引入智能化剪辑算法和自动化编辑工具，可以实现对视频素材的自动剪辑和合成。这些工具不仅提高了剪辑师的工作效率和质量，还降低了制作成本和时间。

随着数字化技术的普及，越来越多的文化产品以数字形式呈现，如电子书、数字音乐、网络视频、在线游戏等。这些数字文化产品方便存储和传输，降低生产成本和分销成本，使得文化产品更加广泛地传播。例如，电子书通过数字平台销售，瞬间到达全球各地的读者手中，省去了印刷、仓储和物流等成本。"三化"技术对文化产品生产流程的改变是全面而深刻的。这些技术不仅提高了生产效率和质量，还促进了文化产品的创新和传播。随着技术的不断进步和应用场景的不断拓展，"三化"技术将在文化产品生产流程中发挥更加重要的作用。同时，需要关注这些技术带来的挑战和问题，如数据安全、隐私保护等，以确保文化产业的健康、可持续发展。

三、数字化、网络化、智能化对文化市场的影响与重构

人民群众对精神文化生活的需要日益增长，标准不断提升，渴望着更高层次、更高品质、更加丰富多彩的精神文化盛宴。"三化"无疑为传统文化艺术注入了新的活力，为满足人民群众日益多样化的精神文化需要提供坚实有力的支撑，让人民群众的精神世界更加充实、更加美好。

通过构建国家文化大数据体系、公共文化云等平台，可以整合各类文化资源，扩大优质公共文化产品的覆盖面，让更多人享受到数字化带来的便利。利用"三化"技术，可以增强公共文化服务的到达率和及时性，确保文化服务能够精准地送达每一个需要的角落，打通文化服务"最后一公里"。网络化技术使得文化产业链上下游之间的信息流通更加便捷，促进文化产业链的网络化整合。创作者、生产商、分销商、消费者等各个环节可以通过互联网实现无缝对接，形成高效协同的产业生态。例如，在线音乐平台可以与音乐制作人、唱片公司、演出场馆等形成合作关系，共同推动音乐产业的发展。网络化技术使得文化市场不再局限于本地或本国，而是拓展到全球。

文化产品可以通过互联网跨越国界传播和销售，吸引全球用户。随着数字化、网络化技术的普及，越来越多的文化产品通过平台化模式进行销售和分发。平台之间的竞争逐渐加剧，形成多元化的竞争格局。在网络化背景下，用户数据成为文化市场竞争的重要资源。通过收集和分析用户数据，平台了解用户需求和偏好，为文化产品的创作和营销提供有力支持。

　　人工智能技术为文化产品创作提供辅助工具，不仅提高了创作效率和质量，还拓宽了创作思路和风格。大数据和机器学习技术为文化产品创作提供支持。通过收集和分析用户数据和市场数据，了解用户需求和偏好以及市场趋势和竞争态势。智能化技术为文化产品的传播提供精准营销和个性化推荐等服务。通过分析用户数据和市场数据，为文化产品的传播和推广提供支持。智能化技术为文化产品的广告投放和优化提供支持。通过实时监测和分析广告效果，提高广告投放效果和投资回报率。VR 和 AR 技术为文化产品消费提供全新的智能化体验。用户可以通过 VR 和 AR 技术身临其境地体验文化产品。智能化技术为文化产品消费提供便捷的交互和反馈机制。用户可以通过数字化平台与创作者或其他用户进行交流和互动。

　　"三化"技术对文化市场的影响与重构是深远而全面的。这些技术不仅改变了文化产品的形态和传播路径，还拓宽了文化产品的消费市场和受众群体。同时，"三化"技术也为文化市场带来更多的创新元素和发展机遇，推动文化产业的转型升级和高质量发展。随着技术的不断进步和应用场景的不断拓展，"三化"技术将在文化市场中发挥更加重要的作用，为文化产业的繁荣发展提供支持。

第四节　文化遗产保护与传承的数字化、网络化、智能化

"三化"技术的融合应用，不仅为文化遗产的保护与传承提供强有力的支撑，更为文化遗产的活化利用开辟广阔的空间。其为文化遗产的保存与修复提供前所未有的技术支持。数字化技术能够高精度地记录文化遗产的每一个细节，为后世的研究与欣赏留下珍贵的资料。网络化技术让文化遗产的信息跨越地域限制，实现全球共享，让更多人能够近距离感受到文化遗产的魅力。智能化技术在文化遗产的传承与保护中发挥着举足轻重的作用。通过智能化手段，可以对文化遗产进行深度挖掘与解读，揭示其背后的历史与文化价值。同时，智能化技术还为文化遗产的创新呈现提供无限可能，让古老的遗产以更加生动、直观的方式走进现代人的生活。

一、数字化、网络化、智能化在文化遗产保护中的应用

文化遗产是人类文明的重要载体，承载着丰富的历史、文化和艺术价值。然而，受自然侵蚀、人为破坏等因素影响，许多文化遗产面临严重的保护挑战。随着新一轮科技革命和产业变革的深入发展，VR、AR、大数据、人工智能等新一代数字技术为文化遗产的

保护提供新的解决方案。通过数字化手段，实现对文化遗产的高精度记录、实时监测和虚拟展示，有效延长文化遗产的"生命周期"，促进其传承与创新。

数字化采集与记录是文化遗产保护的第一步。利用三维激光扫描、摄影测量等技术，可以对文物、建筑群、遗址等文化遗产进行高精度扫描和建模，生成三维数字模型。这些数字模型能够真实、完整地还原文化遗产的原貌，为后续的保护、修复和研究提供基础数据。例如，故宫博物院利用高精度技术采集文物信息，建立庞大的数字文物库，为文物的保护与研究提供支持。

数字化存储与管理是文化遗产保护的重要环节。通过建立数字文物库，将采集到的文化遗产数字信息进行整合和分类，实现文化遗产的数字化存储、检索和共享。同时，运用大数据和人工智能技术，对文化遗产数字信息进行深度挖掘和分析，揭示文化遗产的内在规律和联系，提高文化遗产保护的效率和精度。例如，敦煌研究院通过数字化手段，对莫高窟的壁画进行全面采集与存储，为壁画的保护与研究提供重要依据。

数字化展示与传播是文化遗产保护的重要目的之一。利用 VR、AR 等技术，构建虚拟博物馆和线上展览馆，使观众在家中就能欣赏到文化遗产的魅力。同时，通过社交媒体、在线教育平台等渠道，扩大文化遗产的知名度和影响力，提高公众对文化遗产的认知和重视。例如，故宫博物院通过 VR、AR 技术提供沉浸式体验，让观众能够身临其境地感受故宫的历史文化。

　　"三化"技术具有超越时空的特性，使得文化遗产能够突破时间和空间的限制，以数字形态永久保存和广泛传播。数字技术解决了信息随时间消逝而产生损耗的问题，摆脱了地理位置对信息传播范围的局限，让文化遗产在世界范围得以更加便捷和高效传播。"三化"技术为文化遗产的展示提供全新的方式和途径。通过建设虚拟博物馆、线上展览馆等，打破传统展示方式的局限，使文化遗产更加生动、形象地展现在人们面前。同时，结合互动体验技术，观众在交互中感受文化遗产的魅力，增强文化体验感和认同感。"三化"技术具有强大的数据采集和分析能力，为文化遗产的保护、修复与研究提供支持。通过图像处理等数字技术，对受损的文物进行修复和还原；通过大数据分析技术，对文化遗产的保存环境进行实时监测和预警，提前发现潜在风险并采取保护措施。此外，数字化技术还可以为文化遗产的研究提供丰富的数据支持，推动文化遗产研究深入发展。

　　数字化成为博物馆发展新趋势，珍贵文物在虚拟世界里实现永恒。2023 年，全国规模以上文化及相关企业 7.3 万家，实现营业收入 129515 亿元，按可比口径计算，比上年增长 8.2%。故宫博物院的"数字故宫"项目是数字化在文化遗产保护中的典范。故宫博物院已完成 90 多万件馆藏文物的数字化，超 10 万件文物的高清影像向社会公布，囊括保护、展示、研究等各项功能的数字故宫正成为全球亿万观众开启博物馆的新方式。"数字故宫"项目利用高精度技术采集文物信息，建立庞大的数字文物库。VR、AR 技术提供的沉浸式体验，让观众身临其境地感受故宫的历史文化。同时，故宫博物院还与日本凸版公司、IBM、腾讯等企业合作，共同推动数字化技术的应用与创新。"数字孪生智慧管理平台"实现了文物数据采集的精细化管控，为文物的保护与管理提供支持。敦煌研究院的"数字敦煌"项目也是数字化在文化遗产保护中的成功案例。该项目完成了对莫高窟 289 个洞窟的数字化影像采集与处理工作，为壁画的保护与研究提供了重要依据。通过建设虚拟博物馆、线上展览馆等，打破传统展示方式的局限，使敦煌文化遗产更加生动、形象地展现在人们面前。此外，法国凡尔赛宫的数字化保护项目也是值得借鉴的案例。该项目运用 3D、VR 等技术再现凡尔赛宫已消失的遗迹，并在画廊展厅展出大量数字影像和当代艺术活动的影像记录。这些数字化手段不仅让观众更加直观地了解凡尔赛宫的历史文化，也为凡尔赛宫的保护与传承提供有力支持。此外，凡尔赛宫还通过数字化技术实现对文化遗产的实时监测与预警功能，有效降低了文化遗产受损的风险。

随着数字化技术的不断发展与推广应用，跨界合作与共享将成为未来文化遗产保护的重要趋势之一。通过加强与国际组织、科研机构、企业等各方的合作与交流，共同推动数字化技术在文化遗产保护中的应用与创新发展。同时，通过建立数字化文化遗产共享平台等方式，最大化实现文化遗产资源的共享与利用。数字化技术还将更加注重公众参与与教育方面的应用与发展。通过建设数字化文化遗产教育平台等，普及文化遗产保护知识、提高公众的文化素养与审美能力；同时鼓励公众参与文化遗产的保护与传承工作，形成全社会共同参与文化遗产保护的良好氛围。

二、数字化、网络化、智能化助力文化遗产的传承与发展

随着数字技术的飞速进步，文化遗产的数字化传承与发展已成为不可阻挡的趋势。这一进程不仅因"三化"技术的引入而获得新手段，更借此开辟全新的发展路径。

在数字空间的文化传承与发展中，要坚持以习近平文化思想为指引，坚守中国特色社会主义文化的发展方向。习近平文化思想强调文化自信、自觉和自强，为我们在数字时代进行文化传承提供明确的方向。应积极传播符合社会主义核心价值观的文化内容，引导人民形成正确的文化价值观。同时，深入挖掘中华优秀传统文化的精髓和时代价值。中华文化博大精深，富含哲学思想、道德观念和人文精神。应运用马克思主义的立场、观点和方法，激活传统文化中的优秀因子，并赋予其新的时代意义。利用数字化手段展示中华文化的独特魅力，使其在现代社会焕发新生。

数字藏品作为不可复制、永久保存、随时鉴赏的文化产品，成为文化消费场景创新的"排头兵"。打造有影响力的文化品牌，可以有效扩大文化产品的供给，并提高人们对中华优秀传统文化的认知和接受度。一方面，充分利用数字技术的优势，创新文化传播方式，如通过社交媒体、短视频平台等新媒体渠道，以及 VR、AR 等技术，打造沉浸式文化体验；另一方面，注重塑造和传播具有鲜明特

色的文化品牌，如"故宫文创""国家宝藏"等，将传统文化与现代审美相结合，吸引更多年轻人，并加强与国际社会的文化交流，推动中华文化走向世界。

当下，数字化技术迅猛发展，新的文化生产主体与消费群体为传统文化的传承与发展注入了新活力。必须以现实的人为逻辑前提，充分发挥人民群众在数字空间的文化生产主体作用。推动更多人接触并融入数字媒体，提升他们利用数字技术进行文化创作与传播的能力，鼓励他们积极参与中华优秀传统文化的数字化开发。例如《黑神话：悟空》以中国传统神话《西游记》为背景，巧妙地将传统文化与现代游戏技术相结合，创造了一个既熟悉又新颖的西游世界，在剧情、画面、操作等方面均达到国际顶尖水平，赢得了国内玩家的广泛赞誉，更在全球范围收获极高的关注度。这种创新实践，不仅展示了国产游戏在技术实力上的巨大进步，更体现了对传统文化的深度挖掘和传承。青年群体作为"数字原住民"，对新技术、新媒介有着天然的敏感度和接受度。应充分利用这一优势，引导青年成为数字技术赋能传统文化内容创意、制作、营销的主体。通过举办相关活动，激发青年的创新潜能和创作热情，让他们在参与中感受传统文化的魅力，成为传承弘扬中华优秀传统文化的青春力量。

步入智能传播的新时代，应当充分发挥数字技术的优势，促进中华文化在全球华人社群中的广泛播撒、深刻传承与不断创新。在数字传播的新纪元，文化身份的塑造与文化认同的强化，成为中华文化探索与追求的核心价值所在。文化身份与归属感是凝聚文化共同体精神内核的基石。加深中华民族对中华文化的认同与归属，共同构筑一个以媒介为桥梁的中华文化共同体。

"三化"为文化遗产的传承与发展提供前所未有的机遇。通过数字化保存、传播及营销，文化遗产得以在更广泛的范围被认知、传承与创新。美国传播学者曼纽尔·卡斯特尔（Manuel Castells）指出："认同的建构所运用的材料来自历史、地理、生物，来自生产和再生产的制度，来自集体记忆和个人幻觉，也来自权力机器和宗教启示。但正是个人、社会团体和各个社会，才根据扎根于他们的社会结构和时空框架中的社会要素和文化规划，处理了所有这些材料，并重新安排了它们的意义。"①每个人的自我身份认知均是在这一构建过程中形成的。而文化身份的建构与文化认同，正是中华文化在数字传播领域所追求的核心价值。

第五节　中华文化国际传播的数字化、网络化、智能化

全球化浪潮席卷之下，中华文化的国际传播面临着前所未有的机遇与挑战。为了更好地让世界了解中华文化，增强中华文化的国

---

① ［美］曼纽尔·卡斯特尔：《认同的力量》，曹荣湘译，社会科学文献出版社2006年版，第6页。

际影响力，必须紧跟时代步伐，充分运用"三化"技术创建国际化的文化数据共享平台，打破地域限制，让全球文化爱好者便捷地获取和分享中华文化的瑰宝。利用"三化"技术构建国际化的文化交流大模型平台，促进不同文化之间的深度交流与融合，让中华文化在交流互鉴中焕发新的生机。运用"三化"技术最终的目标是推动中华文化全球战略传播的提级增效，抢占国际文化战略资源高地。

一、运用数字化、网络化、智能化创建国际化的文化数据共享平台

近年来，区块链、人工智能、云计算、大数据、互联网等先进技术已深度融入经济社会发展的各个领域。我们应从战略全局出发，紧密结合智能化、网络化、数字化的发展实际，构建一个强大而全面的国际化的文化数据共享平台，为应对全球格局的深刻变化，积极参与世界科技革命和产业变革的浪潮，做好充分而扎实的准备。《关于推进实施国家文化数字化战略的意见》提出，到"十四五"时期末，基本建成文化数字化基础设施和服务平台，形成线上线下融合互动、立体覆盖的文化服务供给体系；到 2035 年，建成物理分布、逻辑关联、快速链接、高效搜索、全面共享、重点集成的国家文化大数据体系，中华文化全景呈现，中华文化数字化成果全民共享。

中国文化一直以其深厚的底蕴和独特的魅力吸引着全世界的目光。为了更好地推动中国文化的国际化传播，创建一个国际化的文

化数据共享平台显得尤为重要。这首先需要政府相关部门的牵头与协调。文化主管部门等政府部门应充分发挥其引导作用，推动多维数字融合机制体系的建立。这个平台的核心在于融合武术、中医、京剧、书法等极具代表性的中国文化元素，通过数字化手段将传统文化瑰宝以全新的形式呈现给全世界。近日，腾讯 SSV 探元平台正式上线"戏曲数字资源库"专区，汇集包括 6DoF 技术录制的戏曲程式、AI 修复技术再现的戏曲影像等珍贵的数字资产，助力经典戏曲的留存、传承、共享和共创。戏曲专区上线是"中国戏曲文化数字焕新行动"的最新成果。2023 年 12 月，在文化和旅游部艺术司指导下，文化和旅游部艺术发展中心、腾讯联合发起"中国戏曲文化数字焕新行动"，旨在通过数字技术助力戏曲的传承和传播，让传统戏曲焕发新的生命力。数字技术助力戏曲焕新，是当代戏曲传承领域的重要课题。"中国戏曲文化数字焕新行动"利用腾讯（AI 影像修复、沉浸式 6DoF、AI 人脸融合、虚实融合互动）等数字技术，探索解决戏曲保护、共享和利用中的难点问题，并将项目沉淀的数字资料在腾讯 SSV 探元平台"戏曲数字资源库"上线，转录和修复了 30 多部经典戏曲作品，如《逍遥津》《九江口》《古城会》《天仙配》等，涉及京剧、昆曲、越剧、川剧、豫剧、评剧、粤剧、黄梅戏、淮剧、秦腔等不同剧种。

推动中国民间文化在数字融合领域的国际交流合作是平台发展的重要方向。面向中华传统文化爱好者举办国际线上线下的文化交流活动，鼓励用户利用现有的资源进行学习及二次创作等。在平台建设过程中，科学规范地引导国有资本与社会资本相结合是关键。应鼓励并支持两者共同参与平台的建设与推广，形成合力，推动平台快速发展。同时，应依托数字友好城市资源，充分发挥自身优势，积极参与平台的构建与运营，为平台的国际化发展奠定坚实基础。

二、运用数字化、网络化、智能化创建国际化的文化交流大模型平台

今天，文化交流已成为连接不同国家和地区人民情感与智慧的桥梁。然而，传统的文化交流方式往往受到时空限制，难以实现全球范围的广泛传播与深度互动。数字化技术的迅猛发展，特别是大模型技术的崛起，为文化交流提供了新的契机与广阔空间。

近年来，随着人工智能技术的不断突破，大模型作为人工智能领域的重要分支，因其卓越的自然语言处理、图像识别、多模态生成等能力，在全球引发广泛的关注和应用。在文化领域，大模型的应用潜力尤为巨大，为文化交流带来前所未有的变革。文化数据体量庞大且处理复杂，传统方法难以应对。然而，大模型技术的出现为解决这一问题提供了新途径。通过大模型对海量的文化数据进行分析和挖掘，可以快速识别出有价值的文化信息，提高文化资源的利用效率。同时，大模型还能够实现文化内容的智能生成和推荐，为文化机构提供个性化的服务。

文化大模型的研发与应用，已经取得显著成果。2025年1月15日，科大讯飞发布国内首个具备端到端实时翻译能力的星火语音同

传大模型。星火语音同传大模型以"意群"为基本单位进行信息的处理和重组，在实时进行语音识别的同时，自动完成意群的划分与理解，并紧密结合上下文语境，实现词语的精确选择和信息的有效重组，为打破全球化交流壁垒提供新的技术方案。

在文化内容的智能生成和推荐方面，大模型也展现出强大潜力。例如，一些文化机构利用大模型技术，对用户的行为和偏好进行深度分析，从而实现文化内容的个性化推荐。以中文在线海外子公司旗下的 Reel Short 为例，这是一款融合中国创意和先进数字技术的网络微短剧平台。Reel Short 不仅在国内市场取得巨大成功，还成功登陆美国 IOS 娱乐榜第一名、总榜第二名，成为海外微短剧市场的重要生产商和供应商。其成功的背后离不开大模型技术的支持，通过大模型对观众喜好的精准分析，Reel Short 能够持续推出符合国际市场需求的优秀作品，实现中华文化的有效传播。

通过大模型的技术支持，可以实现跨地域、跨语言的文化交流，让世界各地的人方便地参与文化的交流，为文化交流提供新的契机与广阔空间，有助于增进不同国家和地区人民之间的了解和友谊，促进全球文化的多样性与繁荣。

三、运用数字化、网络化、智能化推动中华文化全球战略传播的提级增效

面对国际局势复杂多变的形势，为应对全球文化交流交融交锋日益增多、国际舆论场竞争日益激烈的新挑战，增强中华文化的国

际影响力成为当务之急。数字化技术正翻开中华文化全球传播的新篇章，这是展现中华文化深厚底蕴与独特价值，推动中华文化全球战略传播提级增效的重要手段。

中华优秀传统文化与国家形象紧密相连，具有内在的一致性。通过精心设计的、立体化的形象 IP，将中华优秀传统文化的经典以点带面、条块结合地串联起来，形成一个有机的整体。近年来，电影、电视剧、在线游戏、数字阅读成为中华文化数字化传播的有效途径，引发全球"中国风"的热潮。中国音像与数字出版协会发布的《2024 中国游戏产业报告》显示，我国自主研发游戏海外销售收入逐年攀升，已深入北美、欧洲、东南亚、拉美等地。2025 年 4 月 23 日在山西太原举办的第四届全民阅读大会发布的《2024 年度数字阅读报告》指出，数字阅读市场规模持续扩大，海外市场规模显著增长，覆盖全球多数国家和地区。同时，知名数字阅读平台海外版上线众多中国作品译文，培育了大量海外原创作家，推出海量原创作品，吸引全球读者。《大江大河》《流浪地球》《长安三万里》《哪吒》等具有强大穿透力和广泛影响力的文艺佳作纷纷走出国门，登上世界荧幕。这些优秀的文化产品承载着中华文化的深厚底蕴，巧妙地贴近海外受众的审美偏好和对中国元素的热切期待。

"三化"成为中华文化全球传播的重要推手。一方面，海量数据如同浩瀚的海洋，为文化生产提供源源不断的内容支持。在当今数字化时代，数据已成为中华优秀传统文化的宝贵生产资料和不可或缺的基础设施。深入挖掘和分析数据，文化产品的创作广度与深度得到前所未有的拓宽。无论是历史典籍的数字化重现，还是传统艺术的创新演绎，数据都提供了丰富的素材和灵感来源。这些数据与主流价值形成有效耦合，传承中华优秀传统文化的精髓，并赋予其新的时代内涵。同时，海量数据还为丰富多样的数字化呈现提供了无限可能，让传统文化以更加生动、直观的方式展现在世人面前。另一方面，机器算法犹如一双腾飞的翅膀，为内容创作注入新的活力。传统的分析式人工智能只能基于现有数据进行分析、判断与预测，其应用场景相对有限，如垃圾邮件甄别与内容智能推荐等。然而，随着生成式算法的崛起，现有的生成式人工智能已经能够通过数据训练，自主创作出独具特色的内容。这一颠覆式的升级，使得机器不再只是被动地认识世界，而是能够主动地创造文化产品。得益于此，中华优秀传统文化的内容形式得到极大的丰富和拓展。从单一的文本形式，发展到如今的文本、图像、视频、音频等多模态融合与转化体系，更加贴合公众的潜在文化需求。这种多模态的呈现方式，不仅提升了主流价值的传播效率，还增强了其遍在效果，让中华优秀传统文化在新时代焕发出更加璀璨的光芒。

文化是一个国家、一个民族的灵魂，是维系民族团结和社会和谐的重要纽带。新一轮科技革命和产业变革深入发展，数字化浪潮汹涌澎湃，为加快数字化发展进而赋能文化强国建设提供新的历史机遇，拓展了无比广阔的发展空间。正如习近平总书记强调的，要推动文化数字化建设，让文化以数字化的方式呈现，以网络化的方式传播，更好地服务人民群众的精神文化需要。

　　"三化"赋能文化强国建设，不仅助力传统文化在数字世界中焕发新的活力，让古老的文化瑰宝以更加生动、多元的形式展现在世人面前；还助推中国特色社会主义文化的国际传播，让世界更加了解中国文化的独特魅力和深厚底蕴。"三化"也推动文化产业的转型发展，促进文化与科技、金融等产业的深度融合，催生出更多具有创新性和创造性的文化成果。要以数字化为引擎，驱动文化创新，让世界看到更多来自中国的文化精品，向世界讲述中国故事、传播中华民族精神、塑造文明大国形象，推动中华文化海外传播提质增效。

结　语

在浩瀚的文化海洋中，每一滴水珠都承载着历史的记忆与智慧的火花。本书通过系统梳理习近平文化思想的形成与发展，探索文化强国建设的战略目标与理论体系以及实践路径与科技赋能，试图为新时代文化强国建设提供一些有益的建议。回顾历史，可以看到，文化始终是民族精神的灯塔，是国家发展的基石。马克思曾言："人们自己创造自己的历史，但是他们并不是随心所欲地创造，并不是在他们自己选定的条件下创造，而是在直接碰到的、既定的、从过去承继下来的条件下创造。"① 习近平文化思想的形成，正是基于对中华优秀传统文化、革命文化和社会主义先进文化的深刻继承与创新发展。

习近平文化思想在继承前人智慧的基础上，结合新时代背景，提出了更为全面、系统的文化建设蓝图。这一理论不仅强调了文化

---

① 《马克思恩格斯文集》第 2 卷，人民出版社 2009 年版，第 470—471 页。

建设的重要性，更明确了文化建设的目标、路径和策略，为新时代文化强国建设提供了根本遵循。建设文化强国的战略目标，是新时代中国特色社会主义事业的重要组成部分，不仅体现了党中央对文化建设的高度重视，也彰显文化建设在推动国家发展、民族振兴中的重要作用。坚持把文化建设摆在治国理政的突出位置，不仅是对历史经验的深刻总结，更是对未来发展的科学预见。本书阐释的文化强国的理论体系，以社会主义核心价值观为核心，以事业和产业"双轮驱动"为动力，以人民情怀为依归，以文化提升和文明引领为目标，以文化认同和多元一体为基石，以遗产保护和传通世界为两翼。

　　本书在理论上着重关注七个领域，并由此展开对实践探索的追寻。第一，社会主义核心价值观作为文化最深层的内核，体现了文化的根本理念和价值追求。它不仅是文化精神的集中展现，更是文化传承与发展的灵魂和基石。第二，事业和产业"双轮驱动"是文化强国建设的重要动力。公益性文化事业和经营性文化产业必须协同发展，共同推动文化软实力的提升。文化事业保障人民基本文化权益，提高社会文明程度；文化产业则满足人民多样化、多层次的精神文化需要，两者相辅相成。第三，人民情怀是文化强国建设的根本依归。文艺作品要始终把人民放在心中最高位置，以人民的需要和利益为出发点，反映人民的生活、情感和愿望。通过文艺创作满足人民对美好生活的向往，让文化成果惠及全体人民。第四，文化提升和文明引领是文化强国建设的重要目标。要在文化不断进步和发展的基础上，推动文明的更新和演进，创造出新的人类文明形态。这种新文明形态不仅体现文化的繁荣和创新，更引领着人类文明的进步方向。第五，文化认同和多元一体是文化强国建设的基石。要增强各民族对中华民族的认同感与归属感，促进各民族像石榴籽一样紧紧抱在一起。通过构筑中华民族共有精神家园，维护中华民族多元一体的格局，为文化强国建设提供坚实的民族基础。第六，遗产保护和传通世界是文化强国建设的两翼。要珍视和保护好中华民族的文化遗产，赓续中华文脉。第七，加强中华文化的国际传播，推动不同文明之间的交流互鉴，让中华文化在世界文化之林中熠熠生辉。

建设文化强国，并非一条一蹴而就的坦途，而是一个充满挑战与机遇的奋斗过程。在这个过程中，必须时刻保持清醒的头脑，深刻认识到可能出现的各种问题和风险挑战。首先，在积极推动文明交流互鉴的同时，必须高度警惕文化安全问题。在现代化和全球化的浪潮中，各种思想文化如潮水般涌来，相互激荡、相互交融。这种文化交流虽然带来了丰富的文化资源和多元的视角，但同时也给文化建设带来了新的挑战。外来文化的侵蚀和渗透，可能会对我们的传统文化和价值观造成冲击，甚至威胁到中华文化的根基。因此，必须加强文化安全意识，建立健全文化安全防范机制，坚决抵制腐朽落后文化的侵蚀。其次，在积极吸收借鉴外来优秀文化成果的同时，要保持审慎的态度。外来文化并非全然可取，其中不乏一些与我们优秀传统文化相悖或不适应我国国情的东西。因此，在吸收借鉴的过程中，要坚持批判性思维，取其精华、去其糟粕，确保外来文化能够丰富和发展中华文化，而不是成为其异化和侵蚀的工具。最后，在积极拥抱人工智能技术的同时，也要警惕其带来的诸多负面影响，本着"科技向善"的精神加强政策引导和监管，确保人工智能技术助推文化强国建设。

文化是一个民族的灵魂，是一个国家的软实力。建设文化强国，不仅是为了满足人民日益增长的精神文化需要，更是为了推动国家发展、民族振兴。回顾历史、展望未来，文化强国建设是一个长期而艰巨的任务。只要我们坚定信念、勇往直前，不断创新和实践，就一定能够开创出更加辉煌的文化未来。在文化强国建设的过程中，必须始终坚持理论思维和实践探索的有机结合，深入学习和领会习近平文化思想的核心要义和精神实质，更好地把握文化强国建设的内在规律和发展趋势。同时，不断总结实践经验、创新实践方式，为文化强国建设提供更加丰富的实践经验和理论支撑。

后 记

当两载辛劳凝成铅墨，这部承载着文化叩问和文明追寻的《建设文化强国的理论与实践》终于付梓了。

中华文明历史悠久、博大精深，既是中华民族共同的精神财富，也是世界文明史上光辉灿烂的篇章。但在近代，中华民族经历了诸多的磨难和挑战。实现中华民族的伟大复兴，文化强国建设是其重要组成部分。

文化建设始终是中国共产党治国理政的重要一环。党的十八大以来，党中央更是将其置于前所未有的突出位置，形成了内涵丰富的习近平文化思想，构成了习近平新时代中国特色社会主义思想的文化篇。党的二十大擘画了中国式现代化更加宏伟的蓝图之后，党的二十届三中全会又对文化强国建设作出了更明确的战略部署。然而，置身于世界百年变局加速演进、我国社会主要矛盾深刻变化、新一轮科技革命与产业变革突飞猛进的时代背景中，我们必须清醒地认识到，文化强国建设征程仍任重道远。为此，本书致力于探讨文化强国建设的重要理论与实践问题，旨在总结新时代我国文化建设成就，分析面临的新形势新任务，对加快文化强国建设进行一些战略层面的思考和实践路径的探讨。

我作为复旦大学党的十八大、十九大、二十大精神宣讲团的成员，一直承担文化领域的宣讲工作。在此过程中，我通过不断地学习、研究和宣讲，获得了一些体会，积累了一些经验，这也是我承担本书写作的一个重要背景。我在构思本书框架和撰写内容的过程中，始终关注着历史的经验与现代的实践，努力秉承"两个结合"（即把马克思主义基本原理同中国具体实际相结合、同中华优秀传统文化相结合）的重要思想，将探讨传统文化与现代文化如何在中国式现代化的进程中交融创新，并促进人类文明新形态的全面构建，作为本书重要的创新点。

然，学术之境永在未济之途。面对技术革命重塑的文化生态，本书对文化的理解与阐释，仅是窥斑见豹。我们尚需努力，要以更开放的学术姿态拥抱跨学科对话，将人文精神注入技术理性，用哲学思辨让文化研究登堂入室。

感谢我的两位博士后卢秋竹和王圆方。卢秋竹帮我收集资料，多方调研，拟写大纲；王圆方帮我汇总资料，拓展内容，校勘书稿。唯此，才使本书增色良多，早日面世。

文化如水，润物无声，当书页间的墨香飘向更广阔的天地，惟愿我这点思考能成为理论研究长河中的一朵浪花。

孟　建

2025 年 5 月 27 日

于上海寓所跬步斋

图书在版编目(CIP)数据

建设文化强国的理论与实践 / 孟建著. -- 上海 ：
上海人民出版社，2025. -- ISBN 978-7-208-19525-7

Ⅰ. G12

中国国家版本馆 CIP 数据核字第 2025NP1415 号

责任编辑 沈晓驰
封面设计 汪 昊

建设文化强国的理论与实践

孟 建 著

出 版 上海人 A & 版 社
     (201101 上海市闵行区号景路 159 弄 C 座)
发 行 上海人民出版社发行中心
印 刷 上海商务联西印刷有限公司
开 本 720×1000 1/16
印 张 19
插 页 2
字 数 186,000
版 次 2025 年 6 月第 1 版
印 次 2025 年 6 月第 1 次印刷
ISBN 978 - 7 - 208 - 19525 - 7/D · 4502
定 价 82.00 元